Benedikt von Nursia

Regel

des

heiligen Vaters

Benedikt

Schätze der christlichen Literatur
2. Band.

Benedikt von Nursia

Regel

des

heiligen Vaters

Benedikt

Impressum:
© 2018 Conrad Eibisch (Hrsg. u. Bearb.)
Übers. P. Karl Brandes, 1856.
Herstellung und Verlag: BoD-Books on Demand, Norderstedt.
ISBN: 978-3-74604-738-6

Vorwort.

Höre, Sohn, auf die Vorschriften des Meisters und neige das Ohr deines Herzens; nimm bereitwillig auf des gütigen Vaters Ermahnung, und vollbringe sie wirksam, damit du durch des Gehorsams Mühsal zu dem zurückkehrst, von dem du in des Ungehorsams Trägheit dich entfernt hast. An dich also richtet sich jetzt meine Rede, wer du immer, dem eigenen Willen entsagend, um im Dienste Christi des Herrn und wahren Königs zu streiten, mit den allerstärksten und herrlichsten Waffen dich wappnest.

Vor allem sollst du ihn, so wie du irgend etwas Gutes zu unternehmen beginnst, mit dem inständigsten Gebete um das Vollbringen bitten, damit er, der uns der Aufnahme in die Zahl seiner Kinder gewürdigt hat, sich ja nie wegen unserer bösen Werke betrüben müsse. Denn wegen seiner uns verliehenen Gnadengaben sollen wir ihm jederzeit also gehorchen, daß er uns nicht etwa dereinst, weder wie ein erzürnter Vater seine Kinder enterbe, noch auch wie ein strenger, über unsere Missetaten gereizter Herr, uns als nichtswürdige Knechte, die ihm in die Herrlichkeit nicht folgen gewollt, der ewigen Strafe überantworte.

Erheben wir uns darum endlich einmal durch die ermunternde Stimme der Schrift geweckt, die zu uns spricht: „Schon ist die Stunde da, daß wir vom Schlafe aufstehen!"[1] Und die Augen geöffnet dem vergöttlichenden Lichte, vernehmen wir diese, unser Ohr durchdonnernde göttliche Stimme, die uns täglich ruft und ermahnt: „Heute, wenn ihr seine Stimme höret, wollet eure Herzen nicht verhärten"[2]; und wiederum: „Wer Ohren hat zu hören, der höre, was der Geist zu den Gemeinden spricht."[3] Und was spricht er zu ihnen? „Kommet Kinder", spricht er, „höret mich, die Furcht des Herrn will ich euch lehren."[4] „Eilet, so lange ihr noch das Licht des Lebens habt, damit euch nicht die Finsternisse des Todes erfassen."[5] Und, indem der Herr in der ganzen Menge des Volkes, an die dieser Ruf ergeht, seinen Arbeiter sucht, spricht er abermals: „Wer ist der Mann, der zu leben wünscht und gerne gute Tage sieht?"[6]

---

[1] Röm. 13, 3.
[2] Ps. 94, 8.
[3] Offenb. 2, 7.
[4] Ps. 33, 12.
[5] Joh. 12, 35.
[6] Ps. 33, 13.

Wenn du das hörst und antwortest: Ich bin es, so spricht Gott zu dir: Wenn du das wahre und ewige Leben erlangen willst, so „wahre deine Zunge vor dem Bösen, und lasse nicht Trug reden deine Lippen. Laß ab vom Bösen und tue das Gute, suche den Frieden und strebe ihm nach."[7] Und, wenn ihr dies getan, so „werden meine Augen auf euch schauen und mein Ohr wird euren Bitten geöffnet sein, und noch ehe ihr mich anruft, werde ich sagen: Siehe, hier bin ich."[8] Was kann es, geliebteste Brüder, für uns wohl Lieblicheres geben, als diese uns einladende Stimme des Herrn? Seht, in seiner Güte zeigt uns der Herr den Weg des Lebens. Unsere Lenden also umgürtet mit dem Glauben und mit der Kraft vollbrachter Tugendwerke wandeln wir an der Hand des Evangeliums seine Wege, damit wir würdig werden ihn, der uns berufen hat, zu schauen in seinem Reiche.[9]

Wenn wir aber im Gezelte seines Reiches wohnen wollen, so kann dies nicht anders geschehen, als wenn wir uns beeilen, mittelst guter Werke dorthin zu gelangen; denn fragen wir den Herrn, mit dem Propheten zu ihm sprechend: „Wer, o Herr, darf in deinem Zelte wohnen, oder

---

[7] Ebendas. 14, 15.
[8] Jes. 65, 24.
[9] Ephes. 6, 10 ff.

wer auf deinem heiligen Berge ruhen?"[10] so hören wir, Brüder, auf diese Frage auch die Antwort des Herrn, der uns den Weg zu seinem Gezelte mit den Worten zeigt: „Der welcher wandelt ohne Fehler und übt Gerechtigkeit; der Wahrheit spricht in seinem Herzen und nicht trüget mit der Zunge; der seinem Nächsten nichts zuleide tut und seinem Nebenmenschen keine Schmach bereitet."[11] Der den bösen Feind, der ihn versucht, zunichte macht, indem er ihn samt seiner Einflüsterung vom Angesicht seines Herzens ausstößt und die Brut seiner Eingebungen ergreifend, sie an Christus, dem Felsen, zerschmettert.[12] Diejenigen, welche in der Furcht des Herrn nicht hochmütig werden wegen ihres guten Wandels, sondern im Bewußtsein, daß sie nicht aus eigener Kraft, sondern in der Kraft des Herrn das Gute wirken, ihn dafür preisen und mit dem Propheten sprechen: „Nicht uns, o Herr, nicht uns, sondern deinem Namen gib die Ehre."[13] Wie auch der Apostel Paulus sich selbst nichts zuschreibt vom Erfolge seines Predigens, indem er spricht: „Durch Wortes Gnade bin ich, was ich bin."[14] Und an einer anderen Stelle: „Wer sich

---

[10] Ps. 14, 1.

[11] Ps. 14, 2. 3.

[12] Ps. 136, 9.

[13] Ps. 133, 1.

[14] 1. Korinth. 15, 10.

rühmet, rühme sich im Herrn."[15] Daher auch der Herr im Evangelium sagt: „Wer diese meine Worte hört und sie tut, wird dem verständigen Manne verglichen werden, der sein Haus auf einen Felsen gebaut hat. Und es fiel ein Platzregen, es weheten Winde und schlugen an das Haus, doch es stürzte nicht, denn es war auf den Felsen gegründet."[16]

Indem der Herr dies in Erfüllung bringt, erwartet er von uns täglich, daß wir diesen seinen heiligen Ermahnungen durch die Tat entsprechen sollen. Eben deshalb, daß wir vom Bösen uns bekehren, werden uns die Tage dieses Lebens noch gefristet, nach dem Ausspruche des Apostels: „Weißt du nicht, daß Gottes Langmut dich zur Buße leitet?"[17] Denn in seiner Güte spricht der Herr: „Ich will nicht den Tod des Sünders, sondern daß er sich bekehre und lebe."[18]

Nachdem wir also, Brüder, den Herrn über den Bewohner seines Zeltes befragt, haben wir das Gebot des Wohnens in demselben vernommen; aber erst dann, wenn wir die Pflichten eines Bewohners erfüllen, werden wir Erben des Himmelreiches werden. Wir müssen daher Herz und Leib bereiten für den Kampf unter dem Gesetze des

---

[15] 2. Korinth. 10, 17.
[16] Matth. 7, 24. 25.
[17] Röm. 2, 4.
[18] Ezech. 18, 23.

heiligen Gehorsams; und wo unsere natürlichen Kräfte dazu unvermögend sind, müssen wir zum Herrn flehen um den Beistand seiner Gnade. Und, wenn wir den Strafen der Hölle entgehen und zum ewigen Leben gelangen wollen, so müssen wir jetzt, so lange es noch Zeit ist und wir in diesem Leibe wandeln und dies alles auf diesem Wege des Lichtes vollbringen können, uns beeilen und jetzt tun, was uns ewig zum Heile gereicht.

Deshalb also wollen wir zum Dienste des Herrn eine Schule gründen und hoffen, daß wir in ihrer Einrichtung nichts Hartes und nichts Schweres verordnen. Sollte aber auch, nach Forderung der Billigkeit, wegen Besserung der Fehler oder Bewahrung der Liebe, irgend etwas vorkommen, das strenger scheint, so möge dich dies nicht sogleich entmutigen und zurückschrecken vom Wege des Heils, der nur im Anfange schmal und enge ist[19], beim Fortschreiten aber im Glauben und in der Bekehrung, wird die Bahn der Gebote Gottes mit erweitertem Herzen in unaussprechlicher Süßigkeit der Liebe durchlaufen, so daß wir, seiner Leitung uns nie mehr entziehend und in seiner Lehre bis zum Tode im Kloster verharrend, uns des Leidens Christi durch Geduld teilhaftig machen, und dadurch verdienen, seines Reiches Miterben zu werden.[20]

---

[19] Matth. 7, 11.
[20] 2. Korinth. 1, 7.

1. Kapitel.

Von den Gattungen der Mönche.

Bekanntlich gibt es vier Gattungen von Mönchen. Die erste derselben ist die der Cœnobiten oder Klosterbewohner, welche dem Herrn dienen unter einer Regel oder einem Abte. Die zweite Gattung alsdann bilden die Anachoreten oder Einsiedler, solche nämlich, die nicht vom ersten Neulingseifer der Bekehrung getrieben, sondern durch lange Prüfung im Kloster und vielfältige Belehrung schon bewährt, gegen den Teufel zu kämpfen gelernt haben; die dann wohlunterrichtet aus der Kämpferreihe der Brüder zum Einzelkampfe in die Einöde gehen, und nun sicher ohne anderer Hilfe unter Gottes Beistand mit des eigenen Armes Kraft den Kampf gegen die Verkehrtheiten des Fleisches und der Gedanken zu bestehen vermögen.

Eine dritte, aber sehr böse Gattung, ist die der Sarabaiten, von denen man weiß, daß sie unter keiner Regel und durch keine belehrende Erfahrung, wie das Gold im Glühofen bewährt, sondern weich wie Blei, in den Werken immer noch der Welt ergeben sind und Gott mit der Tonsur belügen. Ihrer zwei oder drei beisammen oder auch einzeln, sind sie hirtenlos, nicht in des Herrn Hürde, sondern in ihren eigenen Ställen; als Gesetz gilt ihnen die Wollust der Begierden, indem sie, was Laune oder Willkür ihnen eingibt, heilig nennen, und was sie nicht wollen, für unerlaubt halten.

Die vierte Gattung Mönche endlich ist die der sogenannten Herumschweifer, welche ihr ganzes Leben hindurch im Lande umher in die verschiedenen Klöster je drei oder vier Tage zu Gaste gehen, immer unstet, nie beharrlich, den eigenen Gelüsten und dem Gaumen frönen, und in allen Stücken noch schlimmer sind, als die Sarabaiten. Von der elenden Lebensweise aller dieser aber, ist es besser zu schweigen als zu reden. Wir lassen sie also und gehen daran, mit Gottes Hilfe dem starken Geschlechte der Cœnobiten eine feste Ordnung zu geben.

2. Kapitel.

Von den Eigenschaften des Abtes.

Ein Abt, der würdig ist einem Kloster vorzustehen, soll immer bedenken, was er heißt, und den Namen eines Oberen durch die Tat bewähren. Im Kloster nämlich wird er als Christi Stellvertreter angesehen, indem man ihn nach dem Ausspruche des Apostels: „Ihr habt den Geist der Kindschaft empfangen, in welchem wir rufen: Abba,

Vater!"[21] mit diesem Ehrennamen nennt. Ferne sei es daher, daß der Abt etwas lehre, anordne oder befehle, das dem Gesetze des Herrn nicht gemäß wäre, sondern vielmehr durchdringe sein Befehl und seine Lehre wie ein Sauerteig göttlicher Gerechtigkeit, die Gemüter der Jünger. Immerfort gedenke der Abt, daß er über beides, über seine Lehre sowohl als über den Gehorsam seiner Jünger, dereinst im furchtbaren Gerichte Gottes die Untersuchung zu bestehen haben wird. Er soll auch wissen, daß die Schuld auf den Hirten fällt, wenn der Hausvater an seinen Schafen weniger Nutzen findet. Nur in dem Falle wird er frei ausgehen, wenn der Hirte mit allem Eifer über einer unruhigen und widerspenstigen Herde gewacht hat, und mit aller Sorgfalt auf die Heilung ihrer sittlichen Gebrechen bedacht gewesen ist. Mit dem Propheten kann sodann der vor dem Richterstuhle Gottes freigesprochene Hirte zum Herrn sagen: „Ich habe ihnen deine Gerechtigkeit nicht verhehlt in meinem Herzen; deine Treue und das Heil bei dir habe ich ihnen verkündet, aber höhnend haben sie mich verachtet."[22] Und am Ende dann wird der Tod diejenigen überwältigen, die sich seiner Pflege ungehorsam entzogen. Wer daher die Würde eines Abtes übernimmt, muß seinen Jüngern mit einer zweifachen Belehrung voranleuchten;

---

[21] Röm. 8, 15.
[22] Ps. 29, 11.

das heißt, er muß ihnen, was gut und heilig ist, mehr durch das Beispiel als durch Worte zeigen, so daß er die einsichtsvolleren Jünger mittelst der Worte über die Gebote des Herrn belehre, den hartnäckigen und beschränkteren aber das göttliche Gesetz durch sein Beispiel deutlich mache. Alles dasjenige also, was er seinen Jüngern als heilswidrig bezeichnet, soll er auch durch seine Handlungen als unstatthaft erklären, damit er nicht, indem er anderen predigt, selbst als ein Verworfener erfunden werde[23], und Gott zu ihm als dem Sündigen, nicht dereinst spreche: „Wie unterstehst du dich, meine Gebote anderen zu verkünden und mein Gesetz im Munde zu führen? Du selbst hassest ja die Zucht und weisest meine Worte hinter dich.“[24] Und ferner: „Den Splitter nimmst du wahr im Auge deines Bruders, den Balken in deinem eigenen Auge aber siehst du nicht.“[25]

Er mache im Kloster keinen Unterschied der Person: den einen liebe er nicht mehr als den anderen; es sei denn, daß einer in Tugend und Gehorsam besser befunden werde. Den Freigeborenen soll er demjenigen nicht vorziehen, der aus unfreiem Stande ins Kloster tritt, falls nicht etwa ein anderer vernünftiger Grund dazu vorhanden ist. Wenn dies

---

[23] 1. Korinth. 9, 27.
[24] Ps. 49, 16.
[25] Matth. 8, 3.

dem Abte billiger Weise so scheint, so mag er die Rangordnung eines jeden bestimmen, sonst aber bleiben alle an
ihren Plätzen; denn, sei einer Knecht oder ein Freier, in
Christus sind wir alle *Eins*[26]; tragen alle unter *einem* Herrn
die Abzeichen der nämlichen Streiterschaft, und vor Gott
gilt kein Ansehen der Person.[27] Nur in *einem* Stücke werden wir vor ihm unterschieden: ob wir nämlich an guten
Werken und an Demut besser als andere erfunden werden.
Er erweise deshalb allen die gleiche Liebe, und halte, je
nach Verdienst, für alle die gleiche Zucht.

In seinen Belehrungen soll dann der Abt stets jene Weise
einhalten, welche der Apostel vorschreibt, indem er sagt:
„Weise zurecht, bitte, strafe“[28]; das heißt, je nach Zeit und
Umständen zeige er bald Strenge, bald Milde, bald den
Ernst des Meisters, bald die Liebe des Vaters. So soll er die
Zuchtlosen und Unruhigen mit Strenge zurechtweisen, die
Verträglichen und Opferwilligen hingegen zu noch besserem Fortschreiten ermuntern; die Nachlässigen aber und
die Verächter der Zucht ermahnen wir ihn zu züchtigen
und zu strafen. Zu den Übertretungen der Schuldigen soll
er nicht schweigen; gleich im Entstehen, wo er es noch
vermag, schneide er dieselben mit der Wurzel aus, einge-

---

[26] I. Korinth. 12, 13.
[27] Galat. 2, 6.
[28] I. Timoth. 4, 2.

denk des Schicksales Helis, des Priesters von Silo.[29] Bessere und lenksamere Gemüter weise er ein- und das andere Mal mit ermahnenden Worten zurecht; bösartige und hartnäckige, stolze und widerspenstige dagegen bestrafe er gleich im Augenblicke des Vergehens mit körperlicher Züchtigung, des Schriftwortes eingedenk: „Der Törichte wird mit Worten nicht gebessert"; und wiederum: „Züchtige deinen Sohn mit der Rute, und du wirst seine Seele vor dem Tode bewahren."[30]

Beständig soll der Abt seines Amtes und seines Namens sich erinnern und wissen, daß von demjenigen, welchem mehr anvertraut wird, auch mehr gefordert werde. Er wisse, welch eine schwere und mühevolle Sache er über sich genommen: die Seelen zu leiten und sich zu richten nach vielerlei Sinnesart. So muß er denn dem einen durch freundliches Zureden, dem anderen durch ernstliche Ermahnungen, wieder anderen durch überzeugende Gründe, und allen nach eines jeden Beschaffenheit und Fassungskraft beizukommen und sich anzupassen suchen, damit er an seiner ihm anvertrauten Herde nicht nur keinen Schaden leide, sondern sich vielmehr an deren Wachstum im Guten erfreuen könne.

---

[29] I. Könige II.
[30] Sprichw. 13, 13. 14.

Vor allem sei er nicht nachlässig oder geringschätzig in Bezug auf das Heil der ihm anvertrauten Seelen, und verwende nicht größere Sorgfalt auf vergängliche, irdische und hinfällige Dinge, sondern erwäge stets, daß er die Leitung von Seelen übernommen hat, und von denselben Rechenschaft ablegen muß. Und damit ihm hierin nicht etwa das geringe Vermögen zum Vorwande werde, sei er des Schriftwortes eingedenk: „Suchet vor allem das Reich Gottes und seine Gerechtigkeit, und das übrige alles wird euch hinzugegeben werden"[31]; und wiederum: „Nichts mangelt denen, die den Herrn fürchten."[32]

Er bedenke es wohl, daß, wer Seelen zu leiten auf sich genommen hat, sich zur Rechenschaft darüber bereit halten müsse; und sei sicher und gewiß, daß, wie groß auch die Zahl der Brüder sein möge, die unter seiner Leitung stehen, er nicht nur von allen diesen Seelen am Tage des Gerichts wird Rechenschaft ablegen müssen, sondern überdies ganz unzweifelhaft auch von seiner eigenen Seele. So wird ihn denn die beständige Furcht vor der künftigen Untersuchung des Hirten über die anvertrauten Schafe, indem er für fremde Rechenschaft Sorge trägt, auch für die eigene besorgt machen, und er selbst wird, indem er andere

---

[31] Matth. 6, 33.
[32] Ps. 34.

durch seine Ermahnungen zur Besserung führt, von Fehlern gebessert werden.

3. Kapitel.

Von den Brüdern, welche bei Beratungen beizuziehen sind.

So oft im Kloster etwas vorzüglich Wichtiges vorzunehmen ist, versammle der Abt die ganze Genossenschaft, eröffne ihr, um was es sich handelt, und überlege, nachdem er den Rat der Brüder gehört, das Ganze nochmals, und tue dann, was er für das nützlichste hält. Daß aber alle zur Beratung gerufen werden sollen, verordnen wir deshalb, weil der Herr oftmals einem der Jüngeren eingibt, was das Beste ist. Die Brüder aber sollen ihre Meinung mit demütiger Unterwerfung vorbringen, und keiner sich unterstehen, die seinige mit Hartnäckigkeit zu verteidigen, sondern die Entscheidung bleibe dem Abte überlassen, so daß sich alle dem, was er für das Heilsamere erachtet, gehorsam unterwerfen. Gleichwie es aber den Jüngeren ziemt, ihrem Meister zu gehorchen, so ist es nicht minder geziemend, daß dieser alles recht und mit Umsicht anordne.

In allem sollen also alle der Regel als Meisterin folgen, und niemand soll vermessen davon abweichen. Keiner im Kloster folge dem Willen des eigenen Herzens; keiner unterstehe sich, weder inner- noch außerhalb des Klosters, mit dem Abte frech zu streiten. Sollte dies jemand wagen, so verfällt er der ordnungsgemäßen Strafe. Der Abt selbst aber tue alles in der Furcht Gottes und mit Beobachtung der Regel; er sei versichert, daß er sich unzweifelhaft vor Gott, dem allgerechten Richter, wird verantworten müssen. Wenn es sich aber um minderwichtige Angelegenheiten des Klosters handelt, ziehe er nur die Ältesten zu Rate, wie geschrieben steht: „Tue alles mit Rat, so hast du nichts zu bereuen nach der Tat."[33]

4. Kapitel.

Von den Werkzeugen der guten Werke.

1. Das erste Werkzeug ist: vor allem Gott den Herrn lieben aus ganzem Herzen, aus ganzer Seele und aus allen Kräften.[34]

2. Hernach den Nächsten lieben, wie sich selbst.[35]

---

[33] Jes. Sir. 31, 24.
[34] Deut. 6, 5.
[35] Matth. 22, 39.

3. Dann nicht töten.[36]

4. Nicht ehebrechen.[37]

5. Nicht stehlen.[38]

6. Keine bösen Begierden hegen.[39]

7. Kein falsches Zeugnis geben.[40]

8. Alle Menschen ehren.[41]

9. Was einer nicht will, das ihm geschehe, auch keinem anderen tun.[42]

10. Sich selbst verleugnen, um Christus nachzufolgen.[43]

11. Den Leib züchtigen.[44]

12. Sich den Wollüsten nicht ergeben.[45]

13. Das Fasten lieben.[46]

14. Die Armen erquicken.[47]

15. Den Nackten bekleiden.[48]

16. Den Kranken besuchen.[49]

---

[36] Luk. 18, 29.
[37] Matth. 19, 18.
[38] Exod. 20, 15.
[39] Deut. 5, 21.
[40] Mark. 10, 19.
[41] 1. Pet. 2, 17.
[42] Tob. 4, 16.
[43] Luk. 9, 23.
[44] Korinth. 9, 27.
[45] 1. Timoth. 5, 6.
[46] Joel 1, 14.
[47] Tob. 4, 7.
[48] Jes. 58, 7.

17. Tote begraben.[50]

18. In der Trübsal zu Hilfe kommen.[51]

19. Den Betrübten trösten.[52]

20. Vom Treiben der Welt sich ferne halten.[53]

21. Der Liebe Christi nichts vorziehen.[54]

22. Im Zorne nicht handeln.[55]

23. Nicht auf Rache sinnen.[56]

24. Keinen Trug im Herzen hegen.[57]

25. Nicht heuchlerischen Frieden bieten.[58]

26. Von der Liebe nicht lassen.[59]

27. Niemals schwören, um nicht etwa falsch zu schwören.[60]

28. Mit Herz und Mund die Wahrheit reden.[61]

29. Nicht Böses mit Bösem vergelten.[62]

---

[49] Jes. Sir. 7, 39.

[50] Tob. 1, 21.

[51] Jes. 1, 17.

[52] 1. Thess. 5, 14.

[53] 2. Timoth. 2, 4.

[54] Matth. 10, 37.

[55] Matth. 5, 22.

[56] Ephes. 4, 26.

[57] Sprichw. 12, 20.

[58] Job 36, 13., oder Ps. 27, 3.

[59] 1. Pet. 4, 8.

[60] Matth. 5, 33-37.

[61] Ps. 14, 3.

[62] 1. Thess. 5, 15.

30. Kein Unrecht tun, und das erlittene geduldig ertragen.[63]

31. Die Feinde lieben.[64]

32. Denen, die uns fluchen, nicht wieder fluchen, sondern vielmehr sie segnen.[65]

33. Verfolgung leiden um der Gerechtigkeit willen.[66]

34. Nicht hoffärtig sein.[67]

35. Sich dem Trunke nicht ergeben.[68]

36. Nicht unmäßig essen.[69]

37. Nicht schlafsüchtig sein.[70]

38. Nicht träge sein.[71]

39. Nicht mürrisch sein.[72]

40. Nicht verleumderisch sein.[73]

41. Auf Gott seine Hoffnung setzen.[74]

42. Gutes, das man an sich bemerkt, Gott zuschreiben, und nicht sich selbst.[75]

---

[63] 1. Korinth. 6, 7.
[64] Luk. 6, 27-35.
[65] 1. Pet. 3, 9.
[66] Matth. 5, 10.
[67] Tob. 4, 14.
[68] 1. Timoth. 3, 3.
[69] Jes. Sir. 31, 17.
[70] Sprichw. 20, 13.
[71] Röm. 12, 11.
[72] 1. Korinth. 10, 10.
[73] Weish. 1, 11.
[74] Ps. 72, 28.
[75] 1. Korinth. 4, 7.

43. Böses hingegen stets als eigenes Werk ansehen und sich selbst beimessen.[76]

44. Den Tag des Gerichtes fürchten.[77]

45. Vor der Hölle zittern.[78]

46. Mit allen geistigen Begierden nach dem ewigen Leben verlangen.[79]

47. Täglich den Tod vor Augen haben.[80]

48. Allezeit auf sein Tun und Lassen achthaben.[81]

49. Für gewiß halten, daß Gott überall auf uns herabblicke.[82]

50. Böse Gedanken, die im Herzen entstehen, sogleich an Christus dem Felsen zerschmettern.[83]

51. Dieselben dem geistlichen Führer eröffnen.[84]

52. Seinen Mund vor böser und verderblicher Rede bewahren.[85]

53. Das viele Reden nicht lieben.[86]

54. Nicht eitle oder lächerliche Reden führen.[87]

---

[76] Hosea 13, 9.
[77] Job 31, 14.
[78] Luk. 12, 5.
[79] Ps. 83, 2.
[80] Matth. 24, 42.
[81] Deut. 4, 9.
[82] Sprichw. 5, 21.
[83] Ps. 131, 9.
[84] Jes. Sir. 8, 11.
[85] Ps. 33, 14.
[86] Sprichw. 10, 19

55. Häufiges oder lautes Gelächter nicht lieben.[88]

56. Fromme Lesungen gerne anhören.[89]

57. Dem Gebete häufig obliegen.[90]

58. Seine begangenen Sünden Gott täglich im Gebete unter Tränen und Seufzern bekennen, und im übrigen die Fehler selbst verbessern.[91]

59. Den Begierden des Fleisches nicht nachgeben, und seinen eigenen Willen hassen.[92]

60. Den Vorschriften des Abtes in allem gehorchen, wenn er selbst schon (was ferne sei) anders handeln sollte, eingedenk des Gebotes des Herrn: „Tut, was sie euch sagen; was sie aber tun, das tut nicht."[93]

61. Nicht heilig genannt werden wollen, bevor man es ist, sondern es vorerst sein, um dann in Wahrheit so zu heißen.[94]

62. Gottes Gebote täglich im Werke erfüllen.[95]

63. Die Keuschheit lieben.[96]

---

[87] Matth. 12, 36.
[88] Jes. Sir. 21, 23.
[89] Luk. 11, 28
[90] Luk. 18, 1.
[91] Ps. 6, 7.
[92] Gal. 5, 16.
[93] Matth. 33, 3.
[94] Matth. 6, 1.
[95] Jes. Sir. 6, 37.
[96] 1. Timoth. 5, 22.

64. Niemand hassen.[97]

65. Weder Neid noch Eifersucht hegen.[98]

66. Den Streit nicht lieben.[99]

67. Den Hochmut meiden.[100]

68. Die Älteren ehren.[101]

69. Die Jüngeren lieben.[102]

70. In der Liebe Christi für die Feinde beten.[103]

71. Mit Zwieträchtigen vor Sonnenuntergang Frieden machen.[104]

72. Und an Gottes Barmherzigkeit niemals verzweifeln.[105]

Seht, das sind die Werkzeuge der geistlichen Kunst; wenn wir sie Tag und Nacht ohne Unterlaß gebrauchen, und am Tage des Gerichtes sie vorweisen werden, so wird uns vom Herrn jener Lohn zuteil, den er selbst uns verheißen: „Was kein Auge gesehen, kein Ohr gehört und in keines Menschen Herz gekommen ist, hat Gott denen bereitet, die ihn lieben."[106] Die Werkstätte aber, in welcher wir dies alles mit

---

[97] Lev. 19, 17.
[98] Jak. 3, 14. 16.
[99] 2. Timoth. 2, 14. 24.
[100] Ps. 130, 1.
[101] Lev. 19, 32.
[102] 1. Timoth. 5, 1.
[103] Matth. 5, 44.
[104] Ephes. 4, 26.
[105] Ps. 51, 10.
[106] 1. Korinth. 2, 9.

Fleiß vollbringen sollen, sind die abgeschlossenen Räume des Klosters und die Beständigkeit in der Genossenschaft.

5. Kapitel.

Vom Gehorsam der Jünger.

Die erste Stufe der Demut ist Gehorsam ohne Zögern. Derselbe ist Sache derjenigen, welche Christus über alles lieben, und die deshalb wegen des heiligen Dienstes, dem sie sich geweiht, oder aus Furcht vor der Hölle, oder wegen der Herrlichkeit des ewigen Lebens, sobald der Obere etwas befiehlt, es so unverweilt vollziehen, als käme der Befehl unmittelbar von Gott. Von ihm spricht der Herr: „Er gehorchte mir, sobald sein Ohr meine Stimme hörte"[107]; und zu den Lehrern sagt er: „Wer euch hört, der hört mich."[108]

Solche verlassen daher augenblicklich alles ihrige, verleugnen den eigenen Willen, legen alsogleich ihre Arbeit unvollendet aus der beschäftigten Hand, und folgen, schnellen Fußes gehorsam, dem Befehle mit der Tat, so daß bei ihnen, indem sie der Liebe zum Fortschritt nach dem ewigen Leben sich befleißen, wie in einem Augen-

---

[107] Ps. 7, 45.
[108] Matth. 10, 40. Luk. 10, 16.

blicke beides, sowohl der erwähnte Befehl des Meisters als das vollbrachte Werk des Jüngers, rasch miteinander in der Schnelligkeit der Furcht Gottes erfolgen. Diese also betreten den engen Weg, von welchem der Herr sagt: „Schmal ist der Pfad, der zum Leben führt"[109]; denn sie wollen nicht nach eigener Willkür leben oder ihren Begierden oder Gelüsten frönen, sondern eines anderen Urteil und Befehle nachkommen und im Kloster unter der Leitung eines Abtes stehen. Ganz gewiß befolgen solche hiermit den Ausspruch des Herrn, da er sagt: „Ich bin nicht gekommen, um meinen Willen zu tun, sondern den Willen dessen, der mich gesandt hat."[110]

Doch wird dieser Gehorsam erst dann Gott wohlgefällig und den Menschen angenehm sein, wenn das Befohlene nicht ängstlich, nicht träge, nicht lau oder mit Murren, oder widerwillig mit Gegenrede getan wird, weil der Gehorsam, der den Oberen geleistet wird, Gott erwiesen wird. Sagt er ja selbst: „Wer euch hört, der hört mich."[111] Auch mit heiterem Sinne soll der Jünger gehorchen, denn „einen fröhlichen Geber hat Gott lieb."[112] Würde somit jemand nur mißmutig und murrend, sei es mit Worten

---

[109] Matth. 7, 14.
[110] Joh. 5, 30.
[111] Matth. 10, 40.
[112] 2. Korinth. 9, 7.

oder auch nur innerlich in Gedanken, den Befehl vollziehen, so wäre ein solches Vollbringen vor Gott, der die Herzen der Murrenden ansieht, nicht mehr wohlgefällig. Und so erhält er für eine solche Handlung nicht nur keine Belohnung, sondern er verfällt vielmehr deshalb in die Strafe der Murrenden, wenn er nicht dafür Genugtuung leistet und sich bessert.

6. Kapitel.

Vom Stillschweigen.

Tun wir, was der Prophet von sich sagt: „Wahren will ich meine Wege, daß ich mit meiner Zunge nicht sündige; ich bewachte meinen Mund, ich verstummte und demütigte mich und schwieg sogar vom Guten."[113] Hiermit zeigt uns der Prophet, daß, wenn man sich aus Achtung vor dem Stillschweigen manchmal sogar auch guter Gespräche enthalten soll, man um so mehr wegen der Strafe der Sünde, die bösen Reden unterlassen müsse. Deshalb soll, wegen der Wichtigkeit des Stillschweigens, auch den vollkommenen Jüngern nur selten Erlaubnis, selbst zu guten, heiligen und erbaulichen Gesprächen gegeben werden, weil

---

[113] Ps. 38, 2.

geschrieben steht: „Bei vielem Reden geht es ohne Sünde nicht ab“[114]; und anderwärts: „Tod und Leben sind in der Gewalt der Zunge.“[115] Reden und Lehren ziemt ja dem Meister, Schweigen und Hören dagegen dem Jünger.

Hat demnach jemand seinen Oberen um etwas zu bitten, so tue er es in aller Demut und mit ehrerbietiger Unterwürfigkeit, damit es nicht aussehe als wolle er mehr reden als nötig ist. Leichtfertigkeiten aber, so wie müßiges und Lachen erregendes Geschwätz verdammen und verbannen wir allezeit und überall, und gestatten nicht, daß ein Jünger zu solcherlei Gespräch jemals den Mund öffne.

7. Kapitel.

Von der Demut.

Brüder, die Heilige Schrift ruft uns zu und sagt: „Ein jeder, der sich selbst erhöhet, wird erniedrigt werden, und wer sich selbst erniedrigt, wird erhöhet werden.“[116] Mit diesen Worten belehrt sie uns, daß jede Selbsterhöhung eine Art des Hochmutes sei, vor welcher der Prophet, wie er andeutet, sich hütet, indem er spricht: „Mein Herz, o

---

[114] Sprichw. 10, 19.
[115] Sprichw. 14, 21.
[116] Luk. 14, 11.

Herr, hat sich nicht erhöhet und meine Augen sich nicht stolz erhoben, mein Wandel war nicht in großen und außerordentlichen Dingen, die mir zu hoch."[117] Was aber dann, „wenn ich nicht demütig dachte, sondern hochfahrend mich innerlich erhob? Dann vergiltst du meiner Seele und ich bin gleich einem, dem die Milch seiner Mutter entzogen wird."

Wenn wir daher, Brüder, den Gipfel der vollkommenen Demut erreichen und recht bald auf jene himmlische Höhe gelangen wollen, zu welcher man nur durch ein demütiges Leben in dieser Welt emporsteigt, so müssen wir zum Fortschritt in unseren Werken jene Leiter aufrichten, die Jakob im Traumgesichte sah, und an welcher ihm die Engel, die an ihr auf- und niederstiegen, gezeigt wurden. Wir haben unter diesem Auf- und Niedersteigen sicher nichts anderes zu verstehen, als das Herabsteigen durch Hochmut und das Aufsteigen durch Demut. Die aufgerichtete Leiter selbst aber ist unser Leben auf Erden, dem der Herr, wenn wir demütigen Herzens sind, die Richtung zum Himmel verleiht. Die beiden Seiten dieser Leiter sind unser Leib und unsere Seele; und in dieselben hat die göttliche Berufung verschiedene Stufen der Demut und Zucht eingefügt, die wir hinanzusteigen haben.

---

[117] Ps. 130, 1.

Die erste Stufe der Demut ist es, wenn man, die Furcht Gottes stets vor Augen haltend, ihn nie vergißt, und alles dessen, was Gott geboten hat, immer eingedenk ist, und wenn man dabei im Geiste stets erwägt, wie diejenigen, welche Gott verachten, wegen ihrer Sünden in die Hölle stürzen, denjenigen aber die ihn fürchten, das ewige Leben bereitet ist; und sich also jederzeit hütet vor Sünden und Fehlern der Gedanken, der Zunge, der Augen, der Hände, der Füße und des eigenen Willens, und sich eifrig bestrebt, die Begierden des Fleisches in sich gänzlich zu ertöten.

Der Mensch erwäge wohl, daß Gott allezeit vom Himmel auf ihn herabblickt, daß seine Handlungen überall von Gottes Auge gesehen, und jeden Augenblick von den Engeln vor ihn gebracht werden. Hierüber belehrt uns der Prophet, indem er uns Gott in unserem Innern stets gegenwärtig zeigt und sagt: „Gott erforscht Herzen und Nieren"[118]; und ferner: „Der Herr kennt die Gedanken der Menschen, daß sie eitel sind"[119]; und an einer anderen Stelle: „Von ferne weißt du meine Gedanken"[120]; und „des Menschen Sinn ist dir offenbar."[121] Um daher über seine bösen Gedanken wachsam zu sein, spreche der demütige

---

[118] Ps. 7, 1.
[119] Ps. 93, 11.
[120] Ps. 138, 3.
[121] Ps. 75, 11.

Bruder stets in seinem Herzen: „Dann werde ich rein sein vor ihm, wenn ich mich vor meiner Bosheit hüte."[122]

Den eigenen Willen aber zu tun, ist uns verboten, da die Schrift uns sagt: „Von deinem Eigenwillen wende dich ab"[123]; und wiederum: „Wir bitten Gott im Gebete, daß sein Wille in uns geschehe."[124] Solcherweise werden wir mit Recht belehrt, unseren eigenen Willen nicht zu tun, indem wir uns dann vordem hüten, was die Schrift sagt: „Es gibt Wege, die den Menschen gerade scheinen, deren Ausgang aber dennoch in die Tiefen der Hölle führt"[125]; und uns zugleich vor dem in Acht nehmen, was von den Nachlässigen geschrieben steht: „Verderbt sind sie und zum Abscheu geworden in ihren Gelüsten."[126]

Was aber die Begierden des Fleisches betrifft, so sollen wir glauben, daß sie Gott bekannt sind, indem ja der Prophet zum Herrn spricht: „Vor dir ist jede meiner Begierden."[127] Vor den bösen Begierden muß man also auf der Hut sein; denn vor der Pforte der Lust lauert der Tod.

---

[122] Ps. 17, 24.
[123] Jes. Sir. 18, 30.
[124] Matth. 6, 10.
[125] Sprichw. 16, 25.
[126] Ps. 52, 2.
[127] Ps. 37, 10.

Die Schrift gebietet daher und spricht: „Deinen Lüsten sollst du nicht nachgehen."[128]

Wenn sonach die Augen des Herrn Gute und Böse beobachten, und der Herr immerdar auf die Menschenkinder herabblickt, um zu sehen ob da sei ein Verständiger und einer, der Gott sucht; und wenn unsere Schutzengel Tag und Nacht unsere Werke vor den Herrn unseren Schöpfer bringen, so hüten wir uns also allezeit, Brüder, daß Gott, wie der Prophet im Psalme sagt, uns irgend je auf Seite der Bösen und Unnützen erblicke, und indem er uns jetzt noch verschont, weil er milde ist und Besserung von uns erwartet, er dereinst zu uns sprechen müsse: „Das tatest du, und ich habe geschwiegen."[129]

Die zweite Stufe der Demut ist, wenn jemand seinen eigenen Willen nicht liebt und sich nicht erfreut an der Befriedigung seiner Wünsche, sondern in der Tat jener Stimme des Herrn nachlebt, wo er sagt: „Ich bin nicht gekommen meinen Willen zu tun, sondern den Willen dessen, der mich gesandt hat"[130]; wie anderswo geschrieben steht: der Eigenwille leidet Pein, der Gehorsam erwirbt die Krone.

---

[128] Jes. Sir. 18, 30.
[129] Ps. 40, 21.
[130] Joh. 6, 38.

Die dritte Stufe der Demut ist es, wenn man sich aus Liebe zu Gott seinem Oberen in unbedingtem Gehorsam unterwirft und dadurch den Herrn nachahmt, von dem der Prophet sagt: „Er war gehorsam bis zum Tode."[131]

Die vierte Stufe der Demut ist es, wenn man im Gehorchen auch das Harte und Widerwärtige, ja selbst zugefügte Unbilden jeder Art, mit stillem Bewußtsein geduldig hinnimmt; im Dulden nicht ermüdet oder nachläßt, sondern aushält nach den Worten der Schrift: „Wer ausharrt bis ans Ende, der wird selig werden"[132]; und wiederum: „Dein Herz fasse Mut und harre des Herrn."[133] Und um zu zeigen, wie der getreue Diener dem Herrn zu liebe jegliche Widerwärtigkeit ertragen müsse, sagt sie ferner durch den Mund frommer Dulder: „Um deinetwillen werden wir dem Tode hingegeben den ganzen Tag, und gleichgeachtet den Schafen, die man schlachtet."[134] Aber in zuversichtlicher Hoffnung auf die göttliche Belohnung fügen sie freudig hinzu: „Wir überwinden in alle diesem um desjenigen willen, der uns geliebt hat."[135] Und abermals an einer anderen Stelle sagt die Schrift: „Du hast uns geprüft, o Gott! im Feuer uns geläutert, wie man läutert das Silber;

---

[131] Philipp. 2, 8.
[132] Matth. 10, 22.
[133] Ps. 26, 14.
[134] Ps. 43, 22.
[135] Röm. 8, 37.

du hast uns ins Netz fallen lassen, hast Drangsale auf unseren Rücken gelegt.“[136] Und um uns zu zeigen, daß wir unter einem Oberen stehen sollen, fügt sie bei und sagt: „Du hast Menschen gesetzt über unsere Häupter.“[137] Darum reichen diejenigen, welche unter Schmach und Mühsal das Gebot des Herrn in Geduld erfüllen wollen, auch die andere Wange demjenigen dar, der sie auf die eine schlägt; lassen dem, der ihnen den Rock nimmt, auch den Mantel, und wo sie jemand zu einer Meile Weges nötigt, gehen sie zwei; mit Paulus dem Apostel ertragen sie die falschen Brüder, dulden die Verfolgung, und segnen diejenigen, welche ihnen fluchen.

Die fünfte Stufe der Demut ist es, wenn man alle bösen Gedanken, die im Herzen aufsteigen und das heimlich begangene Böse seinem Abte durch demütiges Bekenntnis offenbart, wozu die Schrift uns ermahnt mit den Worten: „Tue kund dem Herrn deinen Weg und vertraue auf ihn“[138]; und anderswo: „Bekennet dem Herrn, weil er gütig ist, weil ewig währet seine Barmherzigkeit.“[139] Gleicherweise spricht auch der Prophet: „Meine Sünde habe ich dir kundgetan, und nicht verhehlt mein Unrecht; ich sprach:

---

[136] Ps. 65, 10.
[137] Ebendas. 12.
[138] Ps. 36, 5.
[139] Ps. 103, 1.

Wider mich selbst will ich dem Herrn bekennen meine Ungerechtigkeiten, da hast du verziehen die Bosheit meines Herzens."[140]

Die sechste Stufe der Demut ist die, daß der Mönch mit dem Allergeringsten und Notdürftigsten zufrieden ist, sich selbst bei allem, was ihm aufgetragen wird, als einen unnützen, unwürdigen Knecht betrachtet, und mit dem Propheten sagt: „Ich ward tief gedemütigt und erkannte es nicht; einem Lasttiere gleich ward ich vor dir, doch war ich immerdar in deiner Hand."[141]

Die siebente Stufe der Demut ist die, wenn man sich als den Geringsten und Niedrigsten von allen nicht bloß mit dem Munde bekennt, sondern auch sich als solchen aus innerstem Herzensgrunde anerkennt, sich demütigt und mit dem Propheten sagt: „Ein Wurm bin ich und nicht ein Mensch, der Leute Spott und die Verachtung der Welt. Erhob ich mich aber dennoch, so ward ich gedemütigt und beschämt."[142] Und wiederum: „Es ist mir gut, daß du mich gedemütigt hast, damit ich lerne deine Gebote."[143]

---

[140] Ps. 31, 5.
[141] Ps. 72, 22.
[142] Ps. 21, 7.
[143] Ps. 87, 16.

Die achte Stufe der Demut ist, wenn der Mönch nichts anderes tut als dasjenige, wozu ihn die gemeinsame Klosterregel und die Beispiele der Väter ermahnen.

Die neunte Stufe der Demut ist es, wenn der Mönch seine Zunge bezähmt, und ohne zu reden das Stillschweigen hält bis er gefragt wird, da die Schrift ihn belehrt: „Bei vielem Reden entgeht man der Sünde nicht.“[144] Und: „Der geschwätzige Mann hat keinen Bestand auf Erden.“[145]

Die zehnte Stufe der Demut ist, wenn man nicht leichtfertig und schnell bereit zum Lachen ist, weil geschrieben steht: „Der Tor erhebt im Lachen seine Stimme.“[146]

Die elfte Stufe der Demut ist, wenn der Mönch im Reden sanft ohne Lachen, bescheiden und ernst nur wenige und wohlüberlegte Worte spricht, und nicht lärmt mit seiner Stimme, wie geschrieben steht: „An gedrängter Rede erkennt man den Weisen.“[147]

Die zwölfte Stufe der Demut ist es, wenn der Mönch die Demut nicht bloß im Herzen hat, sondern dieselbe auch in der äußeren Haltung des Körpers allen denjenigen kund gibt, die ihn sehen, indem er bei der Arbeit, im Chor, im Kloster, im Garten, unterwegs, auf dem Felde oder wo

---

[144] Sprichw. 10, 9.
[145] Ps. 139, 12.
[146] Jes. Sir. 21, 25.
[147] Jes. Sir. 10.

immer er sitze, gehe oder stehe, das Haupt geneigt, den Blick zur Erde gesenkt hält; sich stets, seiner Sünden wegen, als einen Schuldbeladenen betrachtet, und im Geiste schon sich vor dem furchtbaren Richterstuhle Gottes sieht; im Herzen beständig jene Worte wiederholend, welche jener Zöllner im Evangelium mit zur Erde gesenktem Haupte sprach: „O Herr, ich Sünder bin nicht wert meine Augen zum Himmel zu erheben."[148] Oder auch mit dem Propheten: „Gebeugt bin ich und erniedrigt von allen Seiten."[149] Wenn also der Mönch alle diese Stufen der Demut erstiegen hat, so wird er bald zu jener Liebe Gottes gelangen, die wenn sie vollkommen geworden, alle Furcht ausschließt, durch die er alles dasjenige, was er früher nicht ohne Bangigkeit getan hat, nunmehr ohne Mühe als etwas Natürliches und Gewohntes zu tun beginnt; nicht mehr aus Furcht vor der Hölle, sondern aus Liebe zu Christus und aus eigener guter Gewohnheit und Wohlgefallen an der Tugend; was alles der Herr in seiner Erbarmung an seinem von Sünden und Fehlern gereinigten Knechte durch den heiligen Geist wird offenbar werden lassen.

---

[148] Luk. 18, 13.
[149] Ps. 118, 107.

8. Kapitel.

Vom nächtlichen Gottesdienste.

Zur Winterzeit, das heißt von Anfang November bis Ostern, soll in Berücksichtigung der längeren Nächte um die achte Stunde der Nacht aufgestanden werden, so daß die Schlafenszeit bis etwas über Mitternacht dauert, und die Brüder alsdann wohl erquickt aufstehen mögen. Die nach dem Nachtgottesdienste übrig bleibende Zeit sollen die Brüder, je nach Bedarf zum Auswendiglernen der Psalmen, zur Einübung der Lesestücke oder zur Betrachtung verwenden. Von Ostern aber bis zu genanntem Anfang des November soll die Zeit des Nachtgottesdienstes so geregelt werden, daß den Brüdern nur eine ganz kurze Zwischenzeit, ihrer Bedürfnisse wegen, bleibe, worauf dann sogleich der Frühgottesdienst, der mit Tagesanbruch zu beginnen hat, folgen soll.

9. Kapitel.

Von der Zahl
der Psalmen beim Nachtgottesdienste.

Zur Winterzeit beginne man allererst mit dem Spruche: „Gott, sei bedacht auf meine Rettung; Herr, eile mir zu helfen." Hierauf spreche man dreimal: „Herr, öffne meine Lippen, und mein Mund wird dein Lob verkünden"; und füge dann den dritten Psalm und das: „Ehre sei dem Vater usw." hinzu. Darauf soll der vierundneunzigste Psalm mit Antiphon[150] gebetet oder auch gesungen werden; dann folgt der Hymnus, und hierauf sechs Psalmen mit Antiphonen. Wenn diese gebetet sind und der Spruchvers gesagt, so gebe der Abt den Segen, und nachdem alle auf den Sitzen Platz genommen, werden von den Brüdern abwechselnd aus dem Buche auf dem Lesepult drei Lektionen gelesen und zwischen denselben drei Responsorien[151] gesungen; zwei Responsorien werden ohne „Ehre sei dem Vater usw." gesprochen. Nach dem dritten Lesestück aber sagt der Vorsänger das „Ehre sei dem Vater usw.", und sobald er dasselbe beginnt, erheben sich sogleich

---

[150] D. i. Wechselgesang.
[151] D. i. der Wechselgesang zwischen einem Vorsänger und der Gemeinde.

alle aus Ehrerbietung gegen die heilige Dreifaltigkeit von ihren Sitzen.

Die göttlich beglaubigten Bücher, sowohl Alten als Neuen Testamentes sind es, die beim Nachtgottesdienste gelesen werden, sowie auch jene Auslegung derselben, welche von den namhaftesten rechtgläubigen Lehrern und Vätern der Kirche verfaßt worden sind. Auf die drei Lektionen und Responsorien folgen sechs andere mit Halleluja zu singende Psalmen; alsdann auswendig eine kurze Stelle aus dem Apostel, hernach der Spruchvers und das Bittgebet: „Herr, erbarme dich unser", womit der Nachtgottesdienst beendigt wird.

10. Kapitel.

Vom Nachtgottesdienste zur Sommerzeit.

Von Ostern bis Anfang November wird die ganze oben angegebene Zahl der Psalmen beibehalten, mit der Ausnahme, daß wegen der Kürze der Nächte, die Lesungen aus dem Buche unterbleiben, und statt der drei Lektionen ein auswendiggelernter Abschnitt aus dem Alten Testamente gesprochen wird, worauf ein kurzes Responsorium folgt, und alles übrige, wie oben gemeldet, vollzogen wird, so nämlich, daß beim Nachtgottesdienste nie weniger als zwölf Psalmen, den dritten und vierundneunzigsten nicht gerechnet, gebetet werden.

11. Kapitel.

Vom Nachtgottesdienste an den Sonntagen.

Am Sonntag wird zum Nachtgottesdienste früher aufgestanden und bei demselben die gleiche Ordnung eingehalten. Nachdem nämlich in oben erwähnter Weise die sechs Psalmen samt dem Spruchverse gesungen, und alle der Ordnung nach auf ihren Sitzen Platz genommen haben, werden, wie oben gesagt, aus dem Buche vier Lektionen samt ihren Responsorien gelesen, und nur beim vierten Responsorium vom Vorleser das „Ehre sei dem Vater usw." gesprochen, bei dessen Beginne sich alle sogleich ehrerbietig erheben. Auf diese Lesestücke folgen, der Reihe nach, andere sechs Psalmen mit Antiphonen wie die früheren, samt dem Spruchverse. Nach diesem werden abermals vier Lektionen mit ihren Responsorien in obiger Weise gelesen; hierauf kommen wieder drei vom Abte zu bestimmende Lobgesänge aus den Propheten, die mit Halleluja gesungen werden. Nach dem Spruchverse und dem Segen des Abtes werden in obiger Ordnung vier andere Lesestücke aus dem Neuen Testamente gelesen.

Nach dem vierten Responsorium aber stimmt der Abt den Hymnus „Herr Gott dich loben wir" an, und liest nach dessen Beendigung das Evangelium, welches alle mit Furcht und Ehrerbietung stehend anhören und worauf alle am Schlusse mit „Amen" antworten. Alsbald fängt der Abt den Hymnus „Dir gebührt Lob und Preis" an, und nach gegebenem Segen beginnt dann der Frühgottesdienst. Diese Ordnung des Nachtgottesdienstes an den Sonntagen soll beständig, sowohl im Sommer wie im Winter eingehalten werden, falls nicht etwa die Brüder, was Gott verhüte, zu spät aufstünden und deshalb von den Lesestükken oder Responsorien einiges abgekürzt werden müßte; es soll jedoch durchaus vorgebeugt werden, daß dies nicht geschehe, wenn es aber dennoch sich ereignete, so soll derjenige, durch dessen Nachlässigkeit es geschehen ist, dafür im Chore Gott die gebührende Genugtuung leisten.

12. Kapitel.

Von dem feierlichen Frühgottesdienste.

Beim Frühgottesdienste am Sonntage wird zuerst der sechsundsechzigste Psalm einfach und ohne Antiphon gebetet, nach diesem der fünfzigste mit dem Halleluja und dann der hundertsiebzehnte und der zweiundsechzigste.

Hierauf folgen die Segen- und Lobpsalmen; dann auswendig ein Lesestück aus der geheimen Offenbarung , das Responsorium, der Hymnus, der Spruchvers, ein Lobgesang aus dem Evangelium, und die Litanei, womit geschlossen wird.

13. Kapitel.

Vom Frühgottesdienste an gewöhnlichen Tagen.

An den Wochentagen wird der Frühgottesdienst so gefeiert, daß zuerst der sechsundsechzigste Psalm ohne Antiphon und etwas langsam, wie am Sonntag, gebetet wird, damit alle zum fünfzigsten, der mit Antiphon gebetet wird, herbei kommen können. Auf diesen folgen herkömmlicherweise zwei andere Psalmen, nämlich am Montag der fünfte und fünfunddreißigste, am Dienstag der zweiundvierzigste und sechsundfünfzigste, am Mittwoch der drei- und vierundsechzigste, am Donnerstag der sieben- und neunundachtzigste, am Freitag der fünfundsiebzigste und einundneunzigste, Samstags aber der hundertzweiundvierzigste Psalm und der Lobgesang aus dem Deuteronomium[152], welcher in zwei „Ehre sei dem

---

[152] 5. Buch Mos.

Vater usw." abgeteilt wird. An jedem der anderen Tage wird der Lobgesang aus den Propheten genommen, wie es in der römischen Kirche gebräuchlich ist. Hierauf folgt der Psalm: „Lobet den Herrn", dann auswendig eine Stelle aus dem Apostel, das Responsorium, der Hymnus, der Spruch-vers, der Lobgesang aus dem Evangelium, die Litanei und so wird geschlossen.

Nie aber sollen Frühgottesdienst oder Vesper gehalten werden, ohne daß wegen etwa im Kloster leicht entstehenden Dornen des Ärgernisses, vom Oberen zuletzt noch das Gebet des Herrn laut gesprochen werde, so daß alle es hören und sich durch das gemeinsame Versprechen dieses Gebets: „Vergib uns unsere Schulden, wie auch wir vergeben unseren Schuldigern", von dieser Art Fehlern reinigen mögen. Bei den übrigen Abteilungen wird nur der letzte Teil dieses Gebetes laut gebetet, wo dann alle ant-worten: „Sondern erlöse uns von dem Übel."

14. Kapitel.

Vom Nachtgottesdienst an den Festtagen der Heiligen.

An den Festen der Heiligen sowie an allen festlichen Tagen wird der Nachtgottesdienst ganz in der Weise, wie wir sie für den Sonntag bestimmt haben, gehalten; nur mit dem Unterschiede, daß dabei die Psalmen, Antiphonen und Lesestücke genommen werden, die zum Feste gehören. Im übrigen gilt das oben Vorgeschriebene.

15. Kapitel.

Von dem Halleluja, wann es genommen werden soll.

Vom heiligen Osterfeste an bis Pfingsten soll jedesmal, sowohl bei allen Psalmen, als bei den Responsorien das Halleluja hinzugefügt werden; von Pfingsten aber bis zum Anfang der Fasten wird es beim Nachtgottesdienste nur bei den sechs letzten Psalmen der Nokturnen[153] gebraucht. Ebenso werden an allen Sonntagen außer der Fastenzeit die

---

[153] Ein Teil der nächtlichen Gebetszeiten in der Kirche.

Lobgesänge des Frühgottesdienstes, die Prim, die Terz, die Sext und Non[154] mit dem Halleluja, die Vesper[155] aber mit Antiphonen gebetet. Mit den Responsorien dagegen wird das Halleluja nur von Ostern bis Pfingsten verbunden.

16. Kapitel.

Vom Gottesdienste während des Tages.

Wie der Prophet sagt: „Siebenmal des Tages verkünde ich dein Lob"[156], so erfüllen auch wir diese geheiligte Siebenzahl, wenn wir zur Zeit des Frühgottesdienstes, der Prim, Terz, Sext, Non, Vesper und Komplet[157], die Pflichten unseres Dienstes verrichten; denn dies eben sind die Tagesstunden, von denen der Prophet sagt: „Siebenmal des Tages verkünde ich dein Lob." Von dem Nachtgottesdienste aber sagt derselbe Prophet: „Um Mitternacht stand ich auf, um dich zu preisen." So wollen denn auch wir zu diesen Tageszeiten unserem Schöpfer Lobopfer bringen wegen der Gerichte seiner Gerechtigkeit: nämlich bei

---

[154] Dies sind Bezeichnungen für Gebetszeiten in der Kirche: Die erste, dritte, sechste und neunte Stunde des Tages.
[155] Das Abendgebet.
[156] Ps. 118, 164.
[157] Das Nachtgebet.

Tagesanbruch, um die erste, dritte, sechste und neunte Stunde, zur Vesperzeit und zur Komplet, und in der Nacht zu seinem Lobe uns erheben.

17. Kapitel.

Von der Zahl der Psalmen bei den genannten Tagzeiten.

Für den Nacht- und Frühgottesdienst haben wir die Gebetsordnung bereits festgesetzt; wir wollen nun für die folgenden Tagesstunden das weitere verordnen. Zur Prim werden drei Psalmen, jeder mit einem „Ehre sei dem Vater usw." und nicht etwa alle unter einem gebetet; vorher aber, gleich nach der Anrufung: „Gott sei bedacht auf meine Rettung" und vor den Psalmen kommt der der Tagzeit entsprechende Hymnus. Auf die drei Psalmen aber folgen ein Lesestück, der Spruchvers und das „Herr, erbarme dich", womit geschlossen wird. In der nämlichen Weise werden auch Terz, Sext und Non gehalten, nämlich das Eingangsgebet oder der Anrufungsvers, der entsprechende Hymnus, je drei Psalmen, das Lesestück, der Spruchvers, das „Herr, erbarme dich" und somit der Schluß. In größeren Klostergemeinden werden die Psalmen mit Antiphonen gesungen, in kleineren dagegen einfach gebetet.

Der Abendgottesdienst hat vier Psalmen mit Antiphonen, auf welche ein Lesestück aus dem Apostel, das Responsorium, der Hymnus, der Spruchvers, der Lobgesang aus dem Evangelium, die Litanei und das Gebet des Herrn folgen, und damit wird geschlossen. Die Komplet aber wird mit drei Psalmen gehalten, diese Psalmen werden einfach und ohne Antiphon gebetet. Dann folgt der Hymnus dieser Tagzeit, ein Lesestück, der Spruchvers, das „Herr, erbarme dich unser", der Segen, und damit Schluß.

18. Kapitel.

Von der Reihenfolge der Psalmen.

Bei den Gebetsstunden unter Tags werden immer zuerst der Vers: „Gott sei bedacht auf meine Rettung", das „Ehre sei dem Vater usw." und hernach der jeder Gebetsstunde entsprechende Hymnus gebetet. An Sonntagen dann werden bei der Prim vier Abschnitte des hundertundachtzehnten Psalms, bei den übrigen Gebetsstunden aber, nämlich bei der Terz, Sext und Non je drei Abschnitte ebendesselben hundertundachtzehnten Psalms gebetet. Am Montag aber werden bei der Prim drei Psalmen, nämlich der erste, zweite und sechste gebetet; und so fort alltäglich zur Prim bis Sonntag je drei Psalmen der Reihe nach bis zum neunzehnten Psalm, wobei aber der neunte und siebzehnte in zwei „Ehre sei dem Vater usw." geteilt werden sollen; daher es dann kommt, daß der sonntägliche Nachtgottesdienst allemal mit dem zwanzigsten Psalm angefangen wird.

Zur Terz, Sext und Non des Montags aber werden die neun übrigen Abschnitte des hundertundachtzehnten Psalms, je drei auf jede Gebetsstunde genommen. Ist dann also der hundertundachtzehnte Psalm mit den beiden Tagen, nämlich dem Sonntage und Montage zu Ende, so werden am Dienstag zur Terz, Sext und Non je drei Psalmen, vom hundertundneunzehnten bis zum hundertundsiebenundzwanzigsten genommen, im ganzen somit neun Psalmen. Diese Psalmen werden bei eben diesen Gebetsstunden bis zum Sonntag immer auf gleiche Weise wiederholt; wobei für alle Tage die gleichmäßige Ordnung der Hymnen, Lesestücke und Verse eingehalten, und am Sonntag immer mit dem hundertundachtzehnten Psalm angefangen wird.

Die Vesper wird täglich mit dem Gesange von vier Psalmen gefeiert. Diese Psalmen fangen mit dem hundertundneunten an, und gehen bis zum hundertundsiebenundvierzigsten, mit Ausnahme derjenigen in dieser Reihe, welche bereits für andere Tagzeiten bestimmt sind, nämlich vom hundertsiebzehnten bis hundertsiebenundzwanzigsten samt dem hundertdreiunddreißigsten und hundertundzweiundvierzigsten. Alle übrigen sind in der Vesper zu beten, und weil zu der erforderlichen Anzahl drei fehlen, so müssen die längeren unter den genannten, nämlich der hundertundachtunddreißigste, hundertdreiundvierzigste und hundertvierundvierzigste geteilt, hingegen der hundertsechzehnte, weil er ganz kurz ist, mit dem hundertfünfzehnten verbunden werden. Nachdem also auf diese Weise die Vesperpsalmen geordnet sind, folgt das übrige, nämlich die Lesestücke, Responsorien, Hymnen, Verse und Lobgesänge in der oben beschriebenen Ordnung. Bei der Komplet jedoch werden täglich die gleichen Psalmen wiederholt, nämlich der vierte, neunzigste und hundertdreiunddreißigste.

Nach dieser für die Tagzeiten bestimmten Psalmenordnung werden alle noch übrigen Psalmen gleichmäßig auf die sieben Nachtgottesdienste verteilt, so daß auch hier die längeren geteilt werden, und zwölf auf jede Nacht kommen. Wir bemerken aber hierbei ausdrücklich, daß, wenn dem einen oder anderen diese Einteilung der Psalmen nicht gefallen sollte, er sie so ordnen möge, wie er es für besser erachtet; so jedoch, daß er unter allen Umständen darauf sieht, daß jede Woche der ganze Psalter in seiner vollen

Zahl von hundertundfünfzig Psalmen gebetet, und jedesmal mit dem sonntäglichen Nachtgottesdienste von neuem angefangen werde; denn allzu träge in ihrem Dienste erscheinen diejenigen Mönche, welche innerhalb einer Woche weniger als den Psalter mit den üblichen Lobgesängen beten, da wir lesen, wie unsere heiligen Väter an einem einzigen Tage diensteifrig verrichteten, was wir Lauen doch wenigstens in einer ganzen Woche vollbringen sollen.

19. Kapitel.

Von der Haltung beim Psalmengebete.

Wir glauben an die göttliche Allgegenwart und daß die Augen des Herrn überall auf die Guten und Bösen schauen. Besonders lebendig aber, und über jeden Zweifel erhaben, sollen wir uns dieses Glaubens dann bewußt werden, wenn wir beim Gottesdienste anwesend sind. Immerdar also seien wir eingedenk der Worte des Propheten: „Dienet dem Herrn in Furcht"[158]; und ferner: „Lobsinget mit innigem Verständnis"[159]; und: „Vor der Engel Angesicht will ich dir Loblieder singen."[160] Erwägen wir darum

---

[158] Ps. 2, 11.
[159] Ps. 46, 8.
[160] Ps. 137, 1.

wohl, wie wir uns vor dem Angesichte Gottes und seiner Engel zu verhalten haben, und stehen wir so beim Psalmenbeten, daß unser Geist im Einklange sei mit unserer Stimme.

20. Kapitel.

Von der Ehrfurcht beim Gebete.

Wenn wir irdischen Machthabern etwas vorbringen wollen, so wagen wir dies nur mit Demut und Ehrerbietigkeit, um wieviel mehr also sollen wir in tiefster Demut und reinster Hingebung dem Herrn und Gott alle unsere Bitten vortragen? indem wir zudem wissen, daß wir nicht durch Vielreden, sondern nur durch Reinheit des Herzens und Tränen der Zerknirschung Erhörung finden werden. Darum soll unser Gebet kurz und lauter sein und werde nur verlängert unter unmittelbarer Anregung der göttlichen Gnade. Das gemeinschaftliche Gebet aber soll immer kurz sein, und auf das vom Oberen gegebene Zeichen sollen alle zugleich sich erheben.

21. Kapitel.

Von den Dekanen des Klosters.

Wenn die Klostergemeinde größer ist, werden aus der Zahl der Brüder einige von gutem Ruf und frommem Wandel erwählt, und zu Dekanen bestellt. Diese führen je über ihre Zehn die Aufsicht, und nehmen in allem die Gebote Gottes und die Vorschriften des Abtes zur Richtschnur. Zu Dekanen sollen aber nur solche gewählt werden, denen der Abt mit Zuversicht einen Teil seiner Bürde übertragen kann; deshalb sollen sie nicht nach der Reihenfolge, sondern nach Verdienst und Wandel, nach Einsicht und Fähigkeit gewählt werden. Wenn aber etwa einer von ihnen von Hochmut aufgeblasen und tadelnswert erfunden würde und sich nach ein- zwei- und dreimaliger Zurechtweisung nicht besserte, so soll er abgesetzt und ein anderer, der dessen würdig ist, an seine Stelle erhoben werden. Das Gleiche verordnen wir hinsichtlich des Priors.

22. Kapitel.

Vom Schlafen der Mönche.

Ein jeder soll in einem besonderen Bette schlafen, und das dem Stande angemessene Bettgerät nach Anordnung des Abtes erhalten. Wenn es geschehen kann, sollen alle im nämlichen Gemache schlafen; wenn dies aber die größere Anzahl nicht zuläßt, so schlafen je zehn oder zwanzig unter der Aufsicht ihrer Ältesten in einem Gemache, in welchem bis Tagesanbruch beständig ein Licht brennen soll.

Angekleidet und umgürtet sollen sie schlafen, jedoch nicht mit ihren Messern an der Seite, damit sie sich im Schlafe nicht etwa verwunden. So sollen die Mönche stets bereit sein, auf das gegebene Zeichen ohne Zögern aufzustehen, und sich einander zuvorzukommen im Dienste Gottes, jedoch mit aller Würde und Anstand. Die jüngeren Brüder sollen ihre Betten nicht nebeneinander, sondern verteilt zwischen den älteren haben. Beim Aufstehen zum Gottesdienste ermuntern sie sich bescheidentlich einer den anderen, um den Schläfrigen keinen Vorwand zu Entschuldigungen zu lassen.

23. Kapitel.

Von der Ausschließung bei Verschuldungen.

Wenn irgendein Bruder halsstarrig oder ungehorsam, oder hochmütig, oder mürrisch oder in irgendeinem Stücke widerspenstig gegen die heilige Regel, und als ein Verächter der Befehle seiner Vorgesetzten erfunden würde, so soll er der Vorschrift unseres Herrn gemäß ein- und noch einmal im Stillen von seinen Oberen ermahnt werden; bessert er sich nicht, so soll er öffentlich in Gegenwart aller zurechtgewiesen, und wenn er sich auch dann nicht bessert, soll der Bann über ihn verhängt werden, in so fern er fähig ist, die Schwere dieser Strafe zu fühlen. Ist er aber in seiner Bosheit verhärtet, so soll er körperlicher Züchtigung unterliegen.

24. Kapitel.

Von der Art der Ausschließung.

Nach der Beschaffenheit der Verschuldung soll auch der Grad der Ausschließung oder Züchtigung bemessen werden, und das Urteil über die Verschuldung soll dem Abte zustehen. Hat sich jedoch ein Bruder nur leichterer Vergehen schuldig gemacht, so soll er nur vom gemeinschaftlichen Tische ausgeschlossen werden. Der von der Tischgemeinschaft Ausgeschlossene darf aber im Chor weder einen Psalm noch eine Antiphon anstimmen, noch auch ein Lesestück vortragen, bis er Genugtuung geleistet hat. Auch das Essen soll er nach dem Tische der Brüder erhalten, und zwar nach Maß und Zeit, wie es der Abt ihm zuträglich finden wird; so daß, wenn z. B. die Brüder um die sechste Stunde speisen, jener Bruder um die neunte, und wenn die Brüder um die neunte Stunde speisen, dieser erst zur Abendzeit essen soll, bis er durch angemessene Genugtuung Verzeihung erlangt.

25. Kapitel.

Von den schweren Verschuldungen.

Macht sich ein Bruder eines schweren Vergehens schuldig, so wird er zugleich von Tisch und Chor ausgeschlossen. Keiner der Brüder darf mit ihm Umgang haben, oder auch nur mit ihm reden. Allein soll er die ihm zugewiesene Arbeit verrichten, und in Reue und Buße eingedenk sein jenes furchtbaren Ausspruches des Apostels, welcher sagt: „Ein solcher sei dem Satan zum Verderben des Fleisches übergeben, damit am Tage des Herrn der

Geist gerettet sei."[161] Seine Nahrung erhält er abgesondert nach Maß und Zeit, wie es der Abt für ihn heilsam erachtet. Von keinem Vorübergehenden soll er gegrüßt, und auch die Speise nicht gesegnet werden, die ihm gereicht wird.

26. Kapitel.

Von denjenigen,
die ohne Erlaubnis des Abtes
mit den Ausgeschlossenen Umgang haben.

Wenn ein Bruder ohne Geheiß des Abtes sich anmaßt, mit einem Ausgeschlossenen irgendwie zu verkehren, mit ihm zu reden, oder ihm etwas zu schicken, so soll er mit demselben die gleiche Strafe der Ausschließung teilen.

---

[161] 1. Korinth. 5, 5.

27. Kapitel.

Von der Sorgfalt
des Abtes für die Ausgeschlossenen.

Mit aller möglichen Sorgfalt nehme der Abt sich der fehlenden Brüder an, denn nicht die Gesunden, sondern die Kranken bedürfen des Arztes. Daher muß er sich ganz wie ein verständiger Arzt benehmen, ihnen gleichsam unvermerkt ältere erfahrene Brüder schicken, die sie trösten; solche, die mit Weisheit im Stillen den wankenden Bruder ermuntern, ihn zu demütiger Genugtuung stimmen und durch ihre Tröstung ihn aufrichten, damit er nicht in übermäßige Traurigkeit verfalle. Vielmehr soll, wie der Apostel sagt: „Die Liebe in ihm befestigt"[162] und von allen für ihn gebetet werden.

Ganz angelegentliche Sorge soll der Abt für seine fehlenden Brüder tragen und mit aller Umsicht und emsigen Sorgfalt bedacht sein, daß ihm keines von den anvertrauten Schafen verloren gehe; denn er soll wissen, daß er die Sorge für die kranken Seelen, nicht aber willkürliche Herrschaft über Gesunde auf sich genommen, und fürchte daher jene Drohung des Propheten, durch den Gott spricht: „Was

---

[162] 2. Korinth. 2, 8.

euch fett erschien, habt ihr für euch genommen, und was schwächlich war, habt ihr weggeworfen."[163] Vielmehr ahme er das liebevolle Beispiel des guten Hirten nach, der die neunundneunzig Schafe auf den Bergen zurückließ und hinging, um das eine verirrte Schaf zu suchen, mit dessen Schwäche er dann so großes Mitleid trug, daß er sich herabließ, dasselbe auf seine heiligen Schultern zu nehmen und es so zur Herde zurückzutragen.

28. Kapitel.

Von denen, die sich nach öfterer Zurechtweisung nicht bessern.

Wenn ein Bruder wegen irgendeines Vergehens nach öfterer Zurechtweisung und endlich auch nach verhängter Ausschließung sich nicht bessert, so wende man eine noch schärfere Strafe an, und züchtige ihn mit Schlägen. Bessert auch dies ihn nicht, oder sucht er etwa (was ferne sei) in hochmütiger Verstocktheit sein Betragen gar noch zu rechtfertigen, so verfahre der Abt, wie ein weiser Arzt. Wenn er nämlich lindernde Mittel: die Salben

---

[163] Ezech. 34, 3.

der Ermahnungen, die Arzneimittel der heiligen Schriften, und zuletzt das Brenneisen der Ausschließung und die Rutenstreiche angewendet hat, und trotzdem sieht, daß all sein Bemühen fruchtlos ist, so greife er noch zu einem kräftigeren Mittel: er nehme sein und aller Brüder Gebet zu Hilfe, damit der Herr, der alles vermag, die Heilung des kranken Bruders bewirke. Wird derselbe aber auch so nicht geheilt, so gebrauche der Abt zuletzt das schneidende Messer, gemäß dem Worte des Apostels: „Schaffet das Böse weg aus eurer Mitte"[164]; und an einer anderen Stelle: „Will der Ungläubige gehen, so gehe er, damit nicht ein räudiges Schaf die ganze Herde anstecke."[165]

29. Kapitel.

Von der Wiederaufnahme ausgetretener Brüder.

Ein Bruder, der aus eigener Schuld das Kloster verläßt, oder aus demselben ausgestoßen wird, muß, wenn er wieder aufgenommen werden will, zunächst gänzliche Besserung in dem Punkte geloben, welcher Ursache seines Austrittes gewesen ist; darauf möge er wieder aufgenommen werden, aber an den letzten Platz, damit dadurch seine

---

[164] I. Korinth. 5, 13.
[165] I. Korinth. 7, 15.

Demut geprüft werde. Tritt er nochmals aus, so mag man ihn wieder und so zum dritten Male annehmen, dann aber soll er wissen, daß ihm fortan jede Aussicht auf Wiederaufnahme benommen ist.

30. Kapitel.

Von der Bestrafung jüngerer Knaben.

Jedes Alter und jede Erkenntnisstufe erfordert eine Behandlung nach eigenem Maße. So oft daher Knaben oder heranwachsende Jünglinge, oder Solche, welche die Schwere der Ausschließungsstrafe nicht zu fühlen vermögen, sich eines Vergehens schuldig machen, so sollen sie zu ihrer Heilung mit strengem Fasten gestraft oder mit derben Schlägen gezüchtigt werden.

31. Kapitel.

Von dem Klosterkellner.

Zum Kellner des Klosters soll aus der Genossenschaft ein solcher gewählt werden, der verständig und gereiften Charakters ist, nüchtern und mäßig im Essen und

Trinken, nicht hochmütig, nicht übereilt, nicht aufbrausend, nicht saumselig, nicht verschwenderisch, sondern gottesfürchtig, und gleichsam ein Vater für die ganze Klostergemeinde. Er hat für alles zu sorgen, soll aber nichts tun ohne Geheiß des Abtes. Was ihm anbefohlen wird, beobachte er und betrübe die Brüder nicht. Wenn von ihm auch etwa einer etwas fordert, das nicht vernünftig ist, so soll er ihn nicht durch verächtliche Behandlung kränken, sondern die ungebührliche Forderung vernünftig und bescheiden abweisen.

Über die eigene Seele sei er wachsam und stets eingedenk jenes apostolischen Ausspruches: „Wer seinen Dienst wohl versieht, erwirbt sich eine Ehrenstufe."[166] Der Kranken, der Kinder, der Gäste und der Armen soll er sich mit aller Sorgfalt annehmen, in der unbezweifelten Gewißheit, daß er am Tage des Gerichts über dies alles wird Rechenschaft geben müssen. Alle Gerätschaften des Klosters, und alles was demselben gehört, erachte er heilig wie das Altargerät. Er vernachlässige nichts, hüte sich eben so sehr vor dem Geize als vor Verschwendung und richte das Vermögen des Klosters nicht zugrunde, sondern tue alles gemessen und nach der Vorschrift seines Abtes.

Vor allem sei er demütig-wohlwollend, und wem er nichts anderes zu geben hat, dem gebe er wenigstens eine

---

[166] 1. Tim. 3, 15.

freundliche Antwort, wie geschrieben steht: „Ein gutes Wort geht über die beste Gabe."[167] Alles dasjenige, was der Abt ihm aufträgt, soll er wohl besorgen, und sich nichts erlauben, was er ihm verboten hat. Den Brüdern reiche er das festgesetzte Maß ohne irgendwelche Anmaßlichkeit oder Verzögerung, damit sie nicht geärgert werden, eingedenk dessen, was nach göttlichem Ausspruche derjenige verdient, welcher einen der Kleinen ärgert. Wo die Genossenschaft eine größere ist, mögen ihm Gehilfen gegeben werden, mit deren Beistande er frohen Mutes das ihm übertragene Amt verwalte. Zur bestimmten Zeit werde gegeben, was zu geben ist, und begehrt, was zu begehren ist, auf daß niemand im Hause Gottes verwirrt oder betrübt werde.

32. Kapitel.

Von den Werkzeugen und anderen Sachen des Klosters.

Über alles, was das Kloster an Arbeitsgerät, Kleidern oder sonstigen Sachen besitzt, bestelle der Abt solche Brüder, auf die er sich ihres erprobten Lebens und Wandels

---

[167] Jes. Sir. 18, 17.

wegen verlassen kann. Ihnen überweise er nach Gutdünken alles einzelne, was sie zu überwachen und wieder einzusammeln haben. Darüber halte der Abt ein Verzeichnis, damit er, wenn die Brüder in der Übernahme abwechseln, jederzeit wisse, was er übergibt, und was er zurückempfängt. Wenn aber einer mit den Gerätschaften des Klosters unsäuberlich oder nachlässig umgehen würde, so soll er zurechtgewiesen, und, wenn er sich nicht bessert, der ordnungsgemäßen Strafe unterworfen werden.

33. Kapitel.

Vom Eigentume bei den Mönchen.

Vor allem muß im Kloster das Hauptübel mit der Wurzel ausgetilgt werden, daß einer sich anmaßt ohne Erlaubnis des Abtes etwas wegzugeben oder anzunehmen, oder etwas als eigen zu haben, durchaus nichts, weder Buch, noch Schreibtafel, noch Griffel dürfen diejenigen als eigen besitzen, welche selbst über ihren Leib und ihren Willen kein eigenes Recht mehr haben. Alles nötige dürfen sie vom Vater des Klosters erwarten, aber nichts haben, was ihnen der Abt nicht gegeben oder erlaubt hat. Alles sei allen gemeinschaftlich, wie geschrieben steht: „Und keiner nenne etwas sein eigen, oder maße sich etwas an."[168] Würde aber irgendeiner auf diesem allerbösartigsten Laster ertappt, so soll er einmal und noch einmal ermahnt, und, wenn er sich nicht bessert, zur Strafe gezogen werden.

34. Kapitel.

Von der gleichmäßigen Verteilung des Nötigen an alle.

Wie geschrieben steht: „Einem jeden ward gegeben was er nötig hatte"[169], so wollen wir durchaus nicht, daß irgendein Ansehen der Person gelten dürfe, sondern daß nur Rücksicht auf die Gebrechlichkeiten genommen werden soll. Wer demnach weniger bedarf, danke Gott dafür und betrübe sich nicht; wer dagegen mehr nötig hat, der demütige sich wegen seiner Gebrechlichkeit und erhebe sich dieser Nachsicht wegen nicht; dann bleiben alle in Frieden. Ganz besonders soll aber das Übel des Murrens aus was immer für Grund und in welcherlei Worten oder Zeichen es sei, vermieden werden; und würde einer darüber

---

[168] Apostelgesch. 4, 32.
[169] Apostelgesch. 4, 35.

betroffen, so soll er einer strengen Strafe unterworfen werden.

35. Kapitel.

Von den Wochnern in der Küche.

Die Brüder sollen sich so untereinander bedienen, daß, mit Ausnahme derjenigen, welche Krankheitshalber oder wegen irgendeinem wichtigen Geschäfte daran gehindert sind, keiner des Dienstes in der Küche überhoben sei, weil dadurch ein größerer Lohn erworben wird. Den Schwachen aber sollen Gehilfen gegeben werden, damit sie diesen Dienst ohne Mißmut verrichten, und daß alle, je nach der Größe der Gemeinde oder nach der örtlichen Lage, Erleichterung haben. Ist die Gemeinde eine zahlreichere, so ist der Kellner vom Küchendienste enthoben, so wie auch diejenigen, die, wie schon gesagt, für wichtigere Verrichtungen verwendet werden; alle übrigen sollen sich einander in Liebe bedienen.

Der austretende Wochner nimmt sonnabends die Reinigungen vor; er wäscht die Tücher, mit welchen sich die Brüder Hände und Füße abtrocknen. Die Füße aller aber soll der Austretende mit dem Neueintretenden gemeinschaftlich waschen. Die zum Dienste gehörigen Geschirre stelle er gereinigt und unversehrt dem Kellner wieder zurück, damit der Kellner dieselben dem Neueintretenden ebenso übergebe und immer wisse, was er ausgibt und was er zurückempfängt. Die Wochner aber sollen eine Stunde vor dem Essen jeder etwas zu trinken und Brot über das festgesetzte Maß erhalten, damit sie während der Tischzeit ihre Brüder ohne Murren und ohne große Beschwerde bedienen; an festlichen Tagen jedoch sollen sie damit warten bis nach dem Gottesdienste.

Die ein- und austretenden Wochner werfen sich sonntags, sobald der Frühgottesdienst zu Ende ist, im Chore allen zu Füßen, und bitten sie um ihr Gebet. Der vom Wochendienst Austretende spricht den Vers: „Hochgelobt bist du, Herr und Gott, weil du mir beistehst und mich getröstet hast"[170], und nachdem dieser Vers dreimal wiederholt ist, empfängt der Austretende den Segen. Darauf kommt der Eintretende und spricht: „Gott, sei bedacht auf meine Rettung; Herr, eile mir zu helfen"[171]; und nachdem auch dieser Vers dreimal von allen wiederholt worden, empfängt er den Segen und tritt in seinen Dienst.

---

[170] Ps. 118, 12.
[171] Ps. 69, 2.

36. Kapitel.

Von den Kranken Brüdern.

Die Sorge für die Kranken soll vor allem und über alles gehen, auf daß man sie recht eigentlich so verpflege wie Christus selbst, weil er dereinst sprechen wird: „Ich war krank und ihr habt mich besucht"; und: „was ihr immer einem der Geringsten von den Meinigen getan, das habt ihr mir getan."[172] Jedoch sollen auch die Kranken ihrerseits bedenken, daß ihnen um Gottes willen gedient wird, und daß sie deshalb die Brüder, die sie bedienen, nicht durch Unnötigkeiten betrüben sollen. Doch muß man auch solche mit Geduld ertragen, weil sich an ihnen ein um so reichlicherer Lohn erwerben läßt. Es sei demnach für den Abt eine Hauptsorge, daß hierin keinerlei Vernachlässigung vorkomme. Für die kranken Brüder soll eine eigene Zelle und ein gottesfürchtiger, fleißiger und sorgfältiger Wärter bestimmt werden.

Den Gebrauch der Bäder gestatte man den Kranken, so oft es nötig ist. Den Gesunden hingegen, zumal den Jüngeren, soll man ihn nicht leicht erlauben. Ebenso gestatte man den Kranken und sehr Schwächlichen, zur Stärkung, den Genuß des Fleisches; sobald sie aber wieder hergestellt

---

[172] Matth. 25, 36. 40.

sind, sollen sich alle wieder, in gewohnter Weise, desselben enthalten. Hauptsorge des Abtes sei es daher zu wachen, daß die Kranken nicht von den Kellnern oder Wärtern vernachlässigt werden weil er selbst für alles verantwortlich ist, was sich die Untergebenen zuschulden kommen lassen.

37. Kapitel.

Von den Greisen und von den Kindern.

Obwohl die menschliche Natur hinsichtlich dieser Altersstufen, nämlich des Greisen- und Kindesalters, schon von selbst zur Milde geneigt ist, so soll doch auch noch durch das Ansehen der Regel für dieselben vorgesorgt werden. Stets soll ihrer Gebrechlichkeit Rechnung getragen, und auf sie bezüglich der Nahrung die Strenge der Regel nicht angewendet, sondern vielmehr liebevolle Rücksicht auf sie genommen, und ihnen, was sie bedürfen, auch vor den ordnungsgemäßen Stunden gereicht werden.

38. Kapitel.

Vom wöchentlichen Tischleser.

Am Tische der speisenden Brüder darf es nie an Lesung fehlen; doch soll nicht der erste beste das Buch ergreifen und daraus vorlesen, sondern der, welcher am Sonntage für die ganze Woche als Leser eintritt. Dieser soll nach dem Gottesdienste und der Kommunion um das Gebet aller bitten, damit Gott den Geist des Hochmuts von ihm ferne halte. Zu dem Ende wird im Chor der Vers, den er selbst anfängt, dreimal von allen gebetet: „O Herr, öffne meine Lippen, und mein Mund wird verkünden dein Lob."[173] Und nachdem er den Segen empfangen, tritt er als Vorleser ein. Bei Tische soll das tiefste Stillschweigen beobachtet werden, so daß man daselbst keines anderen Laut oder Stimme höre, als allein die des Lesers.

Was aber beim Essen und Trinken notwendig ist, sollen die Brüder einander so darreichen, daß keiner genötigt ist, etwas zu fordern. Sollte aber dennoch etwas nötig sein, so soll man es lieber durch irgendein merkliches Zeichen, als mit Worten verlangen. Auch erlaube sich niemand, sei es über das Gelesene oder über sonst etwas zu fragen, damit kein Anlaß zur Versuchung gegeben werde, außer der Obere

---

[173] Ps. 50, 17.

wolle allenfalls in kürze zur Erbauung etwas bemerken. Der für die Woche zum Vorlesen bestimmte Bruder bekommt, ehe er zu lesen anfängt, den Mischwein, sowohl der heiligen Kommunion wegen als auch, damit das Nüchternbleiben ihm nicht zu beschwerlich falle; nachher ißt er mit den Küchenwochnern, und Tischdienern. Übrigens sollen die Brüder nicht der Reihe nach lesen oder singen, sondern nur solche, durch welche die Zuhörer erbaut werden.

39. Kapitel.

Von dem Maße der Speisen.

Wir glauben, daß zur täglichen Nahrung für jeden Tisch, sowohl mittags als abends, zwei gekochte Speisen hinreichen und dabei auch die Schwächeren berücksichtigt seien, indem derjenige, dem die eine nicht zusagt, von der anderen essen kann. Deshalb sollen den Brüdern zwei gekochte Speisen genügen; wenn aber gerade Obst oder junges Gemüse vorhanden ist, so kann man davon noch ein drittes Gericht hinzufügen. Ein gutes Pfund Brot genüge für den Tag, sei es, daß nur einmal gegessen, oder daß zu Mittag und zu Abend gespeist wird. Wird zu Abend gespeist, so soll der Kellner den dritten Teil

dieses Pfundes zurückbehalten und denselben zum Abendessen geben.

Für den Fall, daß etwa die Arbeit anstrengender gewesen
wäre, steht es im Ermessen und in der Befugnis des Abtes
etwas mehr zu geben, insofern es ihm ersprießlich scheint;
nur soll durchaus jedes Übermaß verhütet werden, damit es
nie vorkomme, daß sich ein Mönch den Magen überfülle,
weil ja nichts dem Charakter eines jeden Christen so sehr
zuwider ist, als die Unmäßigkeit, wie unser Herr spricht:
„Hütet euch, daß eure Herzen nicht beschwert werden mit
Fraß und Trunkenheit.“[174] Den jüngeren Knaben aber soll
nicht das gleiche, sondern ein geringeres Maß als den
Erwachsenen gegeben, und überhaupt in allem auf Spar-
samkeit gesehen werden. Vom Genusse des Fleisches
vierfüßiger Tiere aber sollen sich durchaus alle enthalten,
mit Ausnahme der sehr Schwächlichen und Kranken.

---

[174] Luk. 21, 34.

40. Kapitel.

Von dem Maße des Getränkes.

„Ein jeder hat seine eigentümliche Gabe von Gott, der eine so, der andere anders."[175] Deshalb bestimmen wir nur mit einiger Ängstlichkeit das Maß der Nahrungsmittel für andere. Doch glauben wir, das Bedürfnis der Schwächeren berücksichtigend, daß täglich eine Hemina[176] Wein für einen jeden genügend sei. Diejenigen aber, denen es von Gott gegeben ist, sich ganz davon zu enthalten, mögen versichert sein, daß sie dafür einen besonderen Lohn empfangen werden.

Sollten aber Ortsverhältnisse, strenge Arbeit oder Sommerhitze mehr erfordern, so verfüge der Obere nach Gutdünken, überall jedoch dabei vorsorgend, daß kein Sattrinken und keine Trunksucht einreiße. Wir lesen zwar, daß der Wein überhaupt nicht für Mönche sei; da jedoch die Mönche unserer Zeit hiervon nicht zu überzeugen sind, so wollen wir wenigstens darin übereinkommen, nie bis zur Sättigung, sondern immer etwas weniger zu trinken: „weil der Wein auch die Weisen abtrünnig macht."[177] Wo es aber

---

[175] 1. Korinth. 7, 7.
[176] Etwa 0,27 Liter.
[177] Jes. Sir. 19, 2.

die Lage des Ortes mit sich bringt, daß das oben bezeichnete Maß entweder nicht, oder nicht ganz gegeben werden kann; oder auch, daß gar kein Wein zu bekommen ist, da sollen die daselbst Wohnenden Gott danken und nicht murren. Vor allem schärfen wir das ein, daß keiner murren solle.

41. Kapitel.

Von der Essenszeit der Brüder.

Vom heiligen Ostertage bis Pfingsten essen die Brüder zur sechsten Stunde, und haben abends ihr Abendessen. Von Pfingsten an jedoch und den ganzen Sommer hindurch, wenn die Mönche keine Feldarbeiten haben oder außerordentliche Hitze sie nicht erschöpft, fasten sie mittwochs und freitags bis zur Non; an den übrigen Tagen aber speisen sie zur sechsten Stunde zu Mittag. Dies Mittagsessen zur sechsten Stunde kann bei Feldarbeiten und übergroßer Sommerhitze noch weiter so gehalten werden, und am Abte ist es, darüber vorzusorgen. Derselbe mildere und ordne überhaupt alles dergestalt, daß es einerseits den Seelen zum Heile gereiche und daß andererseits die Brüder, was sie zu tun haben, ohne irgendwelches Murren tun.

Vom dreizehnten September an bis zum Anfang der vierzigtägigen Fasten speisen die Brüder immer nach der Non, dagegen in der Fasten bis Ostern erst zur Vesperzeit. Doch soll die Vesper immer so früh gehalten werden, daß bei Tisch keine Lampe nötig ist, sondern alles noch beim Tageslichte fertig werde. Überhaupt aber, sei es daß abends die zweite oder die einzige Mahlzeit gehalten werde, soll die Essenszeit immer so geregelt sein, daß alles beim Tageslichte geschehe.

42. Kapitel.

Vom Stillschweigen nach der Komplet.

Die Mönche müssen allezeit, jedoch ganz vorzüglich in den nächtlichen Stunden sich des Stillschweigens befleißen. Deshalb sollen sich alle täglich, mag es Fasttag oder mag ein Mittagsessen sein, und zwar an Tagen, wo ein Mittagsessen ist, gleich nachdem sie von dem Abendessen aufgestanden sind, zusammen hinsetzen, und einer soll aus den „Unterredungen" oder den „Lebensbeschreibungen" der Väter, oder sonst etwas zur Erbauung der Zuhörer Geeignetes vorlesen; jedoch nicht die sieben ersten Bücher des Alten Bundes oder die Bücher der Könige, weil es zu jener Stunde für schwache Geister nicht zuträglich ist, diese Schriftteile zu hören, die dann aber zu anderen Stunden gelesen werden mögen. Ist es aber ein Fasttag, so kommen alle am Schlusse der Vesper nach kurzer Zwischenzeit gleich zu der besagten Lesung zusammen, wo alsdann vier oder fünf Blätter, oder soviel die Zeit erlaubt, gelesen werden sollen, und inzwischen jeder, auch wer etwa anderweitig beschäftigt ist, herbeizukommen vermag. Alle so versammelt, halten alsdann die Komplet, und nach derselben ist es niemand mehr gestattet, mit irgendjemand etwas zu sprechen. Sollte aber einer der Übertretung dieses Gesetzes des Stillschweigens schuldig befunden werden, so unterliegt er schwerer Züchtigung, ausgenommen jedoch, wenn es etwa angekommener Gäste wegen notwendig würde, oder sonst der Abt noch jemand etwas aufzutragen hätte; doch soll auch dies nur mit höchstem Ernst, mit Mäßigung und Anstand geschehen.

43. Kapitel.

Von denjenigen,
welche zu spät zum
Gottesdienste oder zu Tische kommen.

Zum Gottesdienste soll jeder, sowie das Zeichen gegeben ist, mit Weglegung alles dessen, was er in Händen hat, und in größter Eile herbeikommen, jedoch mit Anstand, damit kein Anlaß zur Leichtfertigkeit gegeben werde. Nichts werde demnach dem Dienste Gottes vorgezogen. Wenn jemand beim Nachtgottesdienste erst nachdem „Ehre sei dem Vater usw." des vierundneunzigsten Psalmes, welcher deswegen gedehnter und langsam gebetet werden soll, ankommt, so soll er nicht an seinen Platz im Chore gehen, sondern am letzten, oder an demjenigen Platze stehen, den der Abt für solche Nachlässige abgesondert bestimmt hat, damit er von ihm und von allen gesehen werden kann, bis er nach vollendetem Gottesdienste durch öffentliche Genugtuung Buße getan.

Wir haben aber aus dem Grunde für gut gefunden, solche am letzten Platze oder an einem abgesonderten Orte stehen zu lassen, damit sie von allen gesehen und durch Beschämung gebessert werden; denn ließe man sie draußen vor dem Chore bleiben, so könnte vielleicht einer sein, der sich wieder hinlegte und schliefe, oder auch draußen säße und eitle Dinge triebe, und damit dem bösen Feinde Gelegenheit gäbe. Deshalb also soll der Nachlässige hineingehen, damit er nicht des Ganzen verlustig werde, und auf daß er sich in Zukunft bessere. Wer zum Gottesdienste bei den Gebetsstunden unter Tags, nach dem Verse und dem „Ehre sei dem Vater usw." des ersten Psalms kommt der nach dem Verse gebetet wird, stellt sich der eben angeführten Verordnung gemäß an den letzten Platz, und darf sich vor geleisteter Genugtuung dem Chore der Psallierenden nicht beigesellen, wenn ihm nicht etwa der Abt die ausdrückliche Erlaubnis dazu gibt, so jedoch, daß der Schuldige nachher dafür Genugtuung leisten soll.

Wer vor dem Verse nicht zum Tische kommt, so daß alle den Vers miteinander anfangen und beten und sich dann zugleich zu Tische setzen können, soll, wenn es aus eigener Schuld und Nachlässigkeit geschieht, dieses Vergehens wegen einmal und noch einmal gewarnt werden; bessert er sich aber darauf nicht, so wird er zum gemeinschaftlichen Tische nicht zugelassen, sondern erhält sein Essen allein, von den anderen abgesondert, mit Entziehung seines Anteils an Wein, bis er Genugtuung geleistet und sich gebessert hat. Ebenso geschehe auch demjenigen, welcher bei dem Verse nicht zugegen ist, der nach dem Essen gebetet wird. Auch unterstehe sich niemand, vor der festgesetzten Stunde oder nach derselben, an Speise oder Trank etwas zu nehmen. Selbst wenn der Obere einem etwas anbietet, dieser aber es nicht annimmt, und es später doch haben möchte, so soll er weder das früher Ausgeschlagene, noch irgend sonst etwas bekommen, bis er sich gehörig gebessert hat.

44. Kapitel.

Von der Weise
wie die Ausgeschlossenen
Genugtuung leisten sollen.

Derjenige, welcher eines schweren Vergehens wegen von Chor und Tisch ausgeschlossen ist, soll zur Zeit, da der Gottesdienst im Chore gehalten wird, vor der Tür desselben am Boden liegen und schweigend mit zur Erde gekehrtem Haupte sich so zu den Füßen aller hinwerfen, die aus dem Chore kommen. Dies tut er so lange bis der Abt die Buße für genügend erachtet; und wird er dann vom Abte gerufen, so wirft er sich zuerst diesem, und hierauf allen Brüdern zu Füßen, auf daß sie für ihn beten.

Darauf, wenn der Abt es befiehlt, wird er wieder in den Chor oder an denjenigen Platz aufgenommen, den der Abt bestimmt; so jedoch, daß er ohne besonderen Befehl des Abtes weder einen Psalm, noch eine Lesung, noch irgend etwas im Chore anstimmen darf. Überdies wirft er sich jedesmal nach Beendigung des Gottesdienstes an seinem Platze auf den Boden nieder, und setzt diese Genugtuung so lange fort, bis ihm der Abt wiederum gebietet, von dieser Genugtuung abzulassen. Derjenige aber, welcher geringerer Vergehen wegen nur vom Tische allein ausgeschlossen wird, soll im Chor nach Vorschrift des Abtes Genugtuung leisten, und soll dies so lange tun, bis derselbe den Segen gibt und spricht: „Es ist genug.“

45. Kapitel.

Von denjenigen, welche im Chore Fehler machen.

Wenn einer beim Beten eines Psalmes, eines Responsoriums oder einer Antiphon oder einer Lesung einen Fehler macht, und dafür nicht auf der Stelle durch die vorgeschriebene Genugtuung sich vor allen demütigt, so verfällt er einer strengeren Strafe, weil er nicht durch Demut wieder gut machen gewollt, was er aus Nachlässigkeit verschuldet hat; Knaben aber sollen für solcherlei Fehler mit Schlägen gezüchtigt werden.

46. Kapitel.

Von denjenigen, die in was immer für Dingen sich vergehen.

Wenn einer bei irgendeiner Arbeit, sei es in der Küche, im Keller, beim Tischdienste, in der Bäckerei, im Garten, bei einem Handwerk oder irgendeiner Beschäftigung an was immer für einem Orte, etwas versieht, oder zerbricht, oder verliert, oder was immer sich daselbst zuschulden kommen läßt, und nicht alsbald freiwillig kommt und vor dem Abte und der Genossenschaft dafür Genugtuung leistet und sein Vergehen eingesteht, so unterliegt derselbe, wenn es durch einen anderen bekannt wird, einer schärferen Züchtigung. Wenn aber der Fehler allein das Gewissen betrifft, so soll er denselben nur dem Abte oder einem der geistlichen Väter entdecken, welche es verstehen, eigene Wunden zu heilen und fremde geheim zu halten und nicht offenkundig zu machen.

47. Kapitel.

Vom Zeichengeben zum Gottesdienste.

Sorge des Abtes sei es, daß das Zeichen zum Gottesdienste bei Tag wie bei Nacht gegeben werde; was er entweder selbst tun, oder einem so zuverlässigen Bruder übertragen soll, daß alles pünktlich zu den vorgeschriebenen Stunden vollzogen werde. Das Anstimmen der Antiphonen und Psalmen aber geschieht, nach dem Abte, der Reihe nach von denjenigen, die damit beauftragt sind. Keiner aber soll sich herausnehmen zu singen oder zu lesen als allein der, welcher imstande ist, dieses Amt zur Erbauung der Zuhörer zu versehen; und es soll dies derjenige mit Demut, Würde und Ehrfurcht tun, dem der Abt es befiehlt.

48. Kapitel.

Von der täglichen Handarbeit.

Der Müßiggang ist ein Feind der Seele; darum müssen die Brüder sich zu bestimmten Stunden mit Handarbeit, und zu anderen mit göttlicher Lesung beschäftigen. Beides glauben wir daher durch folgende Anordnung zu regeln. Von Ostern nämlich bis anfangs Oktober gehen die Brüder des Morgens gleich nach der Prim an die Arbeit und verrichten, was erforderlich ist, bis nahe an die vierte Stunde, von da aber bis nahe an die sechste Stunde widmen sie sich dem Lesen.

Nach vollendeter Sext, wenn sie vom Tische aufgestanden, können sie in tiefstem Schweigen auf ihren Betten ausruhen; wer aber etwa während dieser Zeit lesen will, tue es geräuschlos, so daß er niemand störe. Die Non wird etwas früher, gegen Mitte der achten Stunde gehalten, und darauf ist wieder Arbeitszeit bis zur Vesper. Falls örtliche Verhältnisse oder Armut es erheischen, daß die Brüder selbst sich mit Einsammlung der Feldfrüchte beschäftigen müssen, so darf sie dies nicht mißmutig machen, weil sie erst dann recht eigentlich Mönche sind, wenn sie, wie unsere Väter und die Apostel, von ihrer Handarbeit leben. In allem jedoch werde, der Kleinmütigen wegen, das rechte Maß eingehalten.

Vom Anfange Oktobers bis zum Anfang der Fasten ist bis zur vollen zweiten Stunde Lesezeit; darauf wird die Terz gehalten, nach welcher alle, bis zur Zeit der Non, an die einem jeden zugewiesene Arbeit gehen. Auf das erste Zeichen der Non verläßt jeder seine Arbeit, damit alle sogleich auf das zweite Zeichen bereit sind. Nach dem

Essen aber beschäftigen sie sich mit ihren Lesungen oder mit dem Psalmenstudium.

Während der vierzigtägigen Fastenzeit aber ist die Lesezeit vom Morgen bis zur vollen dritten Stunde, worauf dann jeder bis zur vollen zehnten Stunde an seine Arbeit geht. Für diese Tage der Fastenzeit bekommt ein jeder Bücher aus der Bibliothek, die er dann der Ordnung nach vollständig zu lesen hat; diese Bücher werden mit Fastenanfang ausgeteilt. Vor allem sind alsdann einer oder auch zwei aus den Ältesten zu bestellen, welche während der Lesezeit der Brüder im Kloster herumgehen, um nachzusehen, ob nicht etwa ein träger Bruder sich finde, der anstatt dem Lesen obzuliegen, müßig geht oder herumplaudert, und so nicht bloß sich selbst schadet, sondern auch andere stört. Sollte sich, was wir nicht hoffen, ein solcher finden, so werde er ein erstes und zweites Mal gewarnt; bessert er sich nicht, so soll er der ordnungsgemäßen Strafe unterworfen werden, und zwar so, daß er auch den anderen zur Warnung diene. Gleicherweise soll keiner der Brüder zu ungehöriger Zeit zu einem anderen Bruder gehen.

Am Sonntage sollen sich alle mit Lesen beschäftigen mit Ausnahme derjenigen, die mit den verschiedenen Amtsverrichtungen beauftragt sind. Wäre aber einer so leichtsinnig und träge, daß er betrachten oder lesen entweder nicht will oder nicht kann, so soll man ihm etwas anderes zu tun geben, damit er nicht müßig bleibe. Schwächlichen oder an harte Arbeit nicht gewöhnten Brüdern soll eine solche Beschäftigung oder Handwerk angewiesen werden, daß sie einerseits nicht müßig bleiben, und andererseits von allzu strenger Arbeit nicht erdrückt oder entmutigt werden; ihrer Schwäche hat der Abt Rechnung zu tragen.

49. Kapitel.

Von der Beobachtung der vierzigtägigen Fasten.

Eigentlich sollte das ganze Leben des Mönches eine heilige Fastenbeobachtung sein; da jedoch nur wenige solche beharrliche Tugend haben, so ermahnen wir, daß wenigstens während dieser Tage der Fastenzeit ein jeder sein Leben in völliger Reinheit bewahre, und alle Nachlässigkeiten der übrigen Zeiten in diesen heiligen Tagen austilge. Dies wird alsdann würdig geschehen, wenn wir uns vor allen Vergehungen in Acht nehmen, mit Reuetränen beten, aus allen Kräften uns der frommen Lesung, der Herzenszerknirschung und Abtötung befleißen.

Tun wir darum während dieser Tage einiges über unsere gewohnte Dienstpflicht hinaus, durch besondere Andachtsübung, durch Abtötung in Speise und Trank, und opfere ein jeder Gott etwas über das ihm bestimmte Maß aus eigenem Antrieb und in der Freude des Heiligen Geistes; das heißt, er entziehe seinem Körper etwas von Speise und Trank, vom Schlafe, von der Geschwätzigkeit, von der Ausgelassenheit, daß er so in der Freude geistiger Sehnsucht das heilige Osterfest erwarten möge. Dasjenige aber, was einer aufzuopfern gedenkt, soll er seinem Abte vorher eröffnen, und es mit seinem Segen und seiner Erlaubnis tun, weil das, was ohne Erlaubnis des geistigen Vaters geschieht, als Vermessenheit und eitle Ruhmsucht und nicht als Verdienst angesehen wird; weshalb alles nur mit Wissen und Willen des Abtes getan werden soll.

50. Kapitel.

Von den Brüdern, welche in größerer Entfernung von dem Bethause arbeiten oder auf der Reise sind.

Brüder, welche sehr weit entfernt arbeiten und nach dem Urteile des Abtes selbst, nicht zur bestimmten Zeit zum Chorgebet kommen können, sollen da, wo sie arbeiten, niederknien, und mit heiliger Ehrfurcht den Gottesdienst verrichten. Ebenso dürfen auch diejenigen, welche auf Reisen begriffen sind, die Stunden des heiligen Dienstes nicht vorübergehen lassen, sondern sollen dieselben für sich allein, so gut sie können, einhalten, und die Leistungen ihrer Berufspflicht nicht versäumen.

51. Kapitel.

Von den Brüdern, die sich nicht sehr weit entfernen.

Brüder, welche irgendeines Geschäftes wegen ausgeschickt werden, und am gleichen Tage wieder ins Kloster zurückkommen können, dürfen nicht außer dem Kloster essen, selbst dann nicht, wenn sie von jemand eingeladen werden, es sei denn, daß es ihnen etwa von ihrem Abte befohlen sei. Würden sie anders handeln, so sollen sie ausgeschlossen werden.

52. Kapitel.

Vom Bethause des Klosters.

Das Bethaus muß wirklich sein, was sein Name sagt, und es darf in demselben weder irgend etwas anderes getan, noch Fremdartiges darin ausbewahrt werden. Nach vollendetem Chordienste gehen alle im tiefsten Schweigen und mit dem Zeichen der Ehrfurcht vor Gott hinaus, damit, wenn etwa ein Bruder noch besonders beten wollte, derselbe durch keines anderen Belästigung daran verhindert werde. Auch wenn einer sonst im Stillen beten will, so gehe er einfach hinein und bete; doch nicht laut und geräuschvoll, sondern unter stillen Tränen und aus der Tiefe des Herzens. Wer dagegen nichts dergleichen vorhat, dem ist, wie gesagt, nicht gestattet, nach beendigtem Gottesdienste im Bethause zu bleiben, damit keiner gestört werde.

53. Kapitel.

Vom Empfange der Gäste.

Alle ankommenden Gäste sollen wie Christus selbst aufgenommen werden, weil er dereinst sprechen wird: „Ich war ein Fremdling und ihr habt mich aufgenommen."[178] Deshalb erweise man einem jeden die ihm gebührende Ehre, vorzüglich den Glaubensgenossen und den Fremdlingen. Sobald also ein Gast angemeldet wird, gehen der Obere oder die Brüder ihm mit liebevoller Dienster-

---

[178] Matth. 25, 35.

weisung entgegen: zuerst beten sie miteinander, dann geben sie sich den Friedenskuß, der aber, wegen der Täuschungen des bösen Feindes, immer erst nach verrichtetem Gebete gegeben werden soll. Die Begrüßung selbst geschehe in aller Demut. Vor den ankommenden und abreisenden Gästen soll man sich entweder verneigen oder zur Erde niederwerfen, um in ihnen Christus zu verehren, der in ihnen aufgenommen wird. Die also empfangenen Gäste führe man alsdann zum Gebet, und darauf setzt sich der Obere oder derjenige, den er hierfür bestellt hat, mit denselben. Zur Erbauung wird dem Gaste etwas aus der Heiligen Schrift vorgelesen, und ihm dann alle Menschenfreundlichkeit erwiesen. Dem Gaste zu lieb darf der Obere das Fasten brechen, wenn nicht ein besonderer Fasttag ist, der nicht gebrochen werden darf; die übrigen Brüder jedoch setzen das Fasten nach Gewohnheit fort. Der Abt reicht den Gästen das Wasser zum Waschen der Hände; die Füße wäscht sowohl er als die ganze Genossenschaft den sämtlichen Gästen, und alle sprechen dann am Schlusse den Vers: „Wir haben, o Gott, deine Erbarmung empfangen in Mitte deines Tempels."[179] Den Armen und Fremdlingen soll hauptsächlich alle Sorgfalt der Gastfreundschaft erwiesen werden, weil wir in ihnen vorzüglich Christus nur

---

[179] Ps. 47, 10.

rein um Seinetwillen aufnehmen, wogegen den Mächtigen schon das Gebieterische ihres Standes Ehre erwirkt.

Die Küche des Abtes und der Gäste soll gesondert sein, damit die Brüder durch die Gäste, an denen es im Kloster nie fehlt, und die zu keinen bestimmten Stunden kommen, nicht gestört werden. Zur Besorgung dieser Küche werden alljährlich zwei Brüder bestimmt, die den Dienst gut zu versehen imstande sind. Diesen werden, wo es nötig ist, Gehilfen gegeben, damit sie ihren Dienst ohne Murren versehen; wenn aber weniger Beschäftigung ist, so gehen sie wieder hinaus zur Arbeit, wohin es ihnen befohlen wird. Und nicht bloß bei diesen, sondern bei allen übrigen Verrichtungen im Kloster soll diese Rücksicht genommen werden, daß wo Gehilfen notwendig sind, dieselben angemessener Weise gegeben werden, die dann, wenn sie nichts mehr zu tun haben, dem Befehlenden wieder zur Verfügung stehen.

Auch die Besorgung der Gastwohnung, in welcher eine hinlängliche Anzahl Betten vorhanden sein soll, werde einem Bruder übertragen, der von der Furcht Gottes durchdrungen ist, damit das Haus Gottes von Weisen weise verwaltet werde. Wer nicht dazu bestellt ist, soll sich durchaus den Gästen weder zugesellen, noch mit ihnen reden. Begegnet einer einem, oder sieht er einen, so grüße er ihn demütig, wie oben gesagt ist, bitte um seinen Segen, und gehe mit der Bemerkung vorüber, daß ihm nicht erlaubt sei, mit einem Gaste zu reden.

54. Kapitel.

Von der Annahme von Briefen oder Geschenken.

Es ist den Mönchen durchaus nie gestattet, sei es von den Eltern oder von sonst jemand, auch nicht voneinander unter sich ohne Erlaubnis des Abtes Briefe oder Gaben oder Geschenke anzunehmen oder zu geben. Auch wenn einem von seinen Eltern etwas geschickt wird, soll er sich nicht unterstehen, es anzunehmen, ohne es vorher dem Abte angezeigt zu haben. Wird das Annehmen gestattet, so steht es dennoch beim Abte zu verfügen, wem es gegeben werden solle; und der Bruder, für den es etwa bestimmt war, soll sich dann nicht betrüben, damit nicht dem bösen Feinde Anlaß gegeben werde. Wer aber anders zu tun sich unterfängt, soll der vorschriftsgemäßen Strafe unterliegen.

55. Kapitel.

Von den Kleidungsstücken und der Fußbekleidung der Brüder.

Die Kleidung werde den Brüdern je nach Beschaffenheit des Ortes, wo sie wohnen, und des Klima gegeben, weil man in kälteren Gegenden mehr, in wärmeren weniger bedarf. Die Bestimmung hierüber stehe somit dem Abte zu. Jedoch glauben wir, daß in gemäßigteren Gegenden für jeden der Mönche ein Oberkleid und ein Unterkleid genügen: ein Oberkleid, das für den Winter aus Wolle, und für den Sommer leicht und schon abgetragen sein mag; und dann, der Arbeit wegen, ein Skapulier, und als Fußbedeckung Schuhe und Strümpfe. Um Farbe oder Gröbe aller dieser Stoffe sollen Mönche sich nicht kümmern, sondern dieselben nehmen, wie sie in der Gegend, wo sie wohnen, zu haben oder am wohlfeilsten zu bekommen sind.

Der Abt sorge aber für das rechte Maß dieser Kleidungsstücke, damit dieselben denjenigen, die sie tragen, nicht zu kurz seien, sondern gut passen. Beim Empfange neuer Kleidungsstücke werden die alten jedesmal gleich nachher zurückgegeben und für die Armen in der Kleiderkammer aufbewahrt; denn zwei Oberkleider und zwei Unterkleider sollten jedem, sowohl für die Nacht als des Waschens wegen genügen; was darüber ist, ist Überfluß und muß beseitigt werden. Ebenso sollen sie auch das Fußzeug, so wie alles Alte zurückstellen, sobald sie Neues erhalten. Diejenigen, welche auf eine Reise ausgesandt werden, erhalten aus der Kleiderkammer Beinkleider, die sie nach ihrer Zurückkunft rein gewaschen wieder in dieselbe zurückzugeben haben. Auch sollen die Ober- und Unterkleider, welche man denen, die auf Reisen gehen, aus der Kleiderkammer gibt, etwas besser sein, als die gewöhnlichen, und nach der Rückkehr wieder zurückgestellt werden.

Als Bettzeug sollen genügen: ein Strohsack, ein Bettuch, eine Decke und ein Kopfkissen. Diese Betten aber sollen vom Abte öfter durchsucht werden, um nachzusehen, ob nicht etwa einer etwas besonderes habe; und wo sich bei einem etwas finden sollte, das er vom Abte nicht empfangen hat, soll er auf das allerstrengste bestraft werden. Um aber diese Sucht nach Sondereigentum in der Wurzel auszurotten, soll ihnen vom Abte alles Nötige gegeben werden, als: Ober- und Unterkleider, Strümpfe, Schuhe, Gürtel, ein Messer, ein Schreibgriffel, Nadel, Handtuch und Schreibtäfelchen, damit so jedem Vorwande eines Bedürfnisses begegnet werde. Es soll dabei auch der Abt jenen Ausspruch der Apostelgeschichte stets gegenwärtig haben: „Es ward einem jeden gegeben, was er bedurfte."[180] Dabei sehe er auf das Bedürfnis der Schwachen, und nicht auf den Neid der Übelwollenden, und sei in allen seinen Entscheidungen der göttlichen Vergeltung eingedenk.

56. Kapitel.

Vom Tische des Abtes.

Der Abt hat seinen Tisch immer mit den Gästen und Fremden; wenn jedoch weniger Gäste da sind, kann er nach Belieben einige von den Brüdern an seinen Tisch kommen lassen. Dabei sorge er aber, daß der Ordnung wegen stets einer oder zwei der Ältesten bei den Brüdern bleiben.

57. Kapitel.

Von den Künstlern im Kloster.

Wenn Künstler im Kloster sind, so sollen sie ihre Kunst in aller Demut und Bescheidenheit ausüben; und zwar nur dann, wenn der Abt es ihnen befiehlt. Sollte

---

[180] Apostelgesch. 4, 36.

aber einer von ihnen seiner Geschicklichkeit wegen sich erheben, weil er meint er schaffe dem Kloster großen Vorteil, so soll derselbe sogleich von der Beschäftigung entfernt, und nicht mehr dazu verwendet werden, es sei denn, daß er demütig geworden ist und vom Abte aufs neue dazu Befehl erhält.

Wenn von den Erzeugnissen der Gewerke etwas verkauft wird, so mögen diejenigen, durch welche es geschieht, sich wohl in Acht nehmen, daß sie sich keinen Betrug zuschulden kommen lassen. Stets sollen sie des Ananias und der Saphira gedenken, auf daß sie und alle, welche mit dem Klostergute betrügerisch umgehen, nicht etwa an ihrer Seele den Tod erleiden, welchen jene körperlich erlitten haben. Bei Bestimmung der Preise darf sich durchaus das Laster des Geizes nicht einschleichen: immer sollen sie die Gegenstände um etwas wohlfeiler geben, als die Weltleute es tun, damit in allem Gott verherrlicht werde.

58. Kapitel.

Von der Aufnahme neuer Ordensbrüder.

Wenn ein Neuankommender sich zur Aufnahme ins Kloster meldet, soll ihm der Eintritt nicht leicht gewährt, sondern mit ihm nach der Ermahnung des Apostels verfahren werden: „Prüfet die Geister, ob sie aus Gott sind."[181] Bewährt sich aber der Gekommene durch beharrliches Anklopfen, und hat es sich vier oder fünf Tage lang gezeigt, daß er Unbilden und die gegen seinen Eintritt erhobenen Schwierigkeiten geduldig ertragen, und bei seiner Bitte beharrt, so gestatte man ihm den Eintritt und lasse ihn einige Tage in der Wohnung der Gäste zubringen. Alsdann aber wird er in die Novizenzelle aufgenommen, wo er betrachten, essen und schlafen soll.

Aus den Klosterältesten werde ihm dann ein solcher zugeordnet, der geeignet ist Seelen zu gewinnen, und der ihn genau beobachte und wohl erforsche, ob er wahrhaft Gott sucht, und rechten Eifer zum Gottesdienste, zum Gehorchen und zu den Verdemütigungen habe. Man mache ihn mit allem Harten und Beschwerlichen bekannt, durch welches wir zu Gott gelangen; und verspricht er nichtsdestoweniger Beständigkeit und Ausdauer, so lese man ihm nach zwei Monaten diese Regel der Ordnung nach vor, und sage ihm: Siehe da das Gesetz, unter welchem du dienen willst; kannst du es halten, so tritt ein, kannst du es nicht, so gehe frei von dannen. Bleibt er auch jetzt noch standhaft bei seinem Entschlusse, so wird er in obgenannte Novizenzelle zurückgeführt und fernerhin in aller Geduld geprüft.

---

[181] 1. Joh. 4, 1.

Nach Verlauf von sechs Monaten werde ihm die Regel abermals vorgelesen, auf daß er wisse, zu was er eintritt, und wenn er auch dann noch fest bleibt, so lese man ihm nach vier Monaten abermals diese nämliche Regel vor. Und wenn er nach reifer Überlegung verspricht, daß er die Regel vollständig beobachten und alles ihm Befohlene halten wolle, dann nehme man ihn in die Genossenschaft auf und erinnere ihn dabei, daß er nun unter dem Gesetze der Regel steht und es ihm von diesem Tage an nicht mehr erlaubt sei, aus dem Kloster auszutreten oder das Joch der Regel wieder vom Nacken abzuschütteln, das er während einer so langen Probezeit völlig frei entweder annehmen oder zurückweisen konnte. Der Aufzunehmende aber gelobe dann in dem Bethause in Gegenwart aller seine Beständigkeit, die Bekehrung seiner Sitten und Gehorsam vor Gott und seinen Heiligen, und wisse fortan, daß er, wenn er jemals dem entgegenhandeln sollte, von Gott, dessen er spottet, verurteilt werden wird. Über dieses sein Versprechen mache er dann ein Gelöbnis auf die Namen der Heiligen, deren Reliquien daselbst sind, sowie des gegenwärtigen Abtes. Dieses Gelöbnis schreibe er mit eigener Hand, oder bitte, wenn er des Schreibens unkundig ist, einen anderen es für ihn zu schreiben, worauf dann der Novize dasselbe mit seinem Handzeichen bekräftigt, und es eigenhändig auf den Altar niederlegt. Wenn er es niedergelegt hat, beginnt der Novize selbst sogleich den Vers: „Nimm mich auf, o Herr, nach deiner Verheißung, damit ich lebe, und laß mich nicht zuschanden werden an meiner Hoffnung."[182] Diesen Vers wiederholt die ganze Genossenschaft dreimal, und fügt ihm das. „Ehre sei dem Vater usw." hinzu; worauf der neue Mitbruder sich allen zu Füßen wirft, und um ihr Gebet bittet, und von Stund an als ein Mitglied der Genossenschaft betrachtet wird.

Sein Vermögen, wenn er etwas hat, verteile er vorher an die Armen, oder vergebe es mittelst feierlicher Schenkung an das Kloster, ganz ohne allen Vorbehalt für sich selbst, indem er ja weiß, daß er von diesem Tage an nicht einmal mehr über den eigenen Leib frei verfügen darf. Sofort werden ihm in dem Bethause seine Kleider, die er anhat, ausgezogen, und er wird mit dem Ordensgewande bekleidet. Seine Kleider aber, die ihm ausgezogen worden, sollen für den Fall in der Kleiderkammer aufbewahrt werden, damit, wenn er etwa einst, was Gott verhüte, auf des Teufels Anstiften den Gedanken faßte, das Kloster wieder zu verlassen, ihm dann vor dem Austritte das Ordenskleid wieder genommen werden kann. Jene Urkunde aber, welche der Abt vom Altare zu sich genommen, bekommt er nicht wieder zurück, sondern dieselbe bleibt im Kloster verwahrt.

---

[182] Ps. 118, 116.

59. Kapitel.

Von der Aufnahme
der Söhne von Adeligen oder Armen.

Wenn etwa einer aus dem Adel seinen Sohn Gott im Kloster darbringen will, und dieser noch ein minderjähriger Knabe ist, so sollen seine Eltern das Gelöbnis, von dem wir oben gesagt, schriftlich aufsetzen und dasselbe samt der Hand des Knaben mit dem Altartuch umwickeln und ihn so darbringen. Was aber ihr Vermögen betrifft, müssen sie entweder in eben dieser Schrift selbst eidlich versprechen, daß sie ihm weder selbst, noch durch eine Mittelsperson noch anderswie jemals etwas geben, oder ihm Anlaß bieten wollen, etwas als Eigentum zu besitzen. Wenn sie aber dies nicht wollten, und dem Kloster aus Erkenntlichkeit als Almosen etwas zu seiner Belohnung zu geben gedächten, so sollen sie über dasjenige, was sie dem Kloster geben wollen, eine Schenkungsurkunde ausstellen, mit allfälligem Vorbehalte der Nutznießung. Auf solche Weise werde alles vorgebeugt, daß dem Knaben keinerlei trügerische Aussicht bleibe, die ihn, wie die Erfahrung lehrt, verführen, und, wovor ihn Gott bewahre, ins Verderben stürzen könnte. Ein Gleiches tun auch die Ärmeren: diejenigen aber, die gar nichts haben, stellen einfach die

Gelübdeurkunde aus, und bringen ihren Sohn, vor Zeugen, bei der Opferung dar.

60. Kapitel.

Von den Priestern, welche ins Kloster eintreten wollen.

Wenn einer aus dem Priesterstande um die Aufnahme ins Kloster nachsucht, ist ihm dieselbe deshalb nicht schneller zu bewilligen. Jedoch wenn er durchaus auf seinem Gesuche beharrt, so soll ihm zum voraus gesagt werden, daß er die Gesetze der Klosterordnung vollständig beobachten müsse, und ihm nichts erlassen werde, damit es sei, wie geschrieben steht: „Freund, wozu bist du gekommen?"[183] Es kann ihm jedoch der Platz zunächst beim Abte, das Erteilen des Segens und das Messelesen gestattet werden, falls der Abt es ihm befiehlt; sonst aber soll er sich durchaus in nichts eindrängen, indem er weiß, daß er der klösterlichen Zucht unterworfen ist, und deshalb um so mehr allen anderen Beispiele von Demut geben soll.

Wenn er etwa der heiligen Weihe wegen oder sonst aus einem Grunde, im Kloster höher steht, so vergesse er dabei

---

[183] Matth. 26, 50.

nicht, welcher Platz ihm gemäß seiner Eintrittszeit gebührt, und daß ihm derjenige, den er innehat, nur aus Ehrfurcht vor der priesterlichen Würde eingeräumt ist. Wenn aber irgendein Kleriker mit gleichem Wunsche ins Kloster aufgenommen zu werden, kommt, so wird diesem ein mittlerer Platz angewiesen, jedoch erst dann, wenn er die Beobachtung der Regel, sowie seine Beständigkeit angelobt hat.

61. Kapitel.

Von der Aufnahme fremder Mönche.

Wenn ein fremder Mönch aus fernen Gegenden ankommt, der als Gast im Kloster wohnen möchte und zufrieden ist mit der örtlichen Lebensweise, die er vorfindet, und nicht etwa mit gar zu vielen Anforderungen die Klosterordnung stört, sondern einfach zufrieden ist mit dem, was er vorfindet, so nehme man ihn auf, für so lange als er will. Wenn er aber einzelnes vernünftigerweise liebevoll und bescheiden tadelt, so verfahre der Abt mit Weisheit und erwäge, ob ihn nicht Gott etwa eben deshalb hergesandt haben möchte.

Im Fall er sich später zum beständigen Bleiben verpflichten wollte, so werde ihm dieser Wunsch nicht abgeschlagen, weil man ihn während seines Aufenthaltes als Gast, kennenzulernen Gelegenheit gehabt hat. Hätte er sich aber während dieser Zeit als ungenügsam und mit Untugenden behaftet gezeigt, so darf er der Klostergemeinde nicht nur nicht einverleibt werden, sondern man muß ihm alsdann auch auf schickliche Art sagen, daß er gehe, damit nicht auch andere von seinen Gebrechen angesteckt werden. Ist er dagegen kein solcher, der ausgewiesen zu werden verdient, so soll man nicht warten bis er selbst um die Aufnahme ins Kloster bittet, sondern soll ihn sogar zum Bleiben in der Genossenschaft zu bewegen suchen, auf daß er durch sein Beispiel die anderen erbaue; sind wir ja doch aller Orten im Dienste des *Einen* Herrn und streiten unter *Einem* Könige.

Hat ihn demnach der Abt wirklich als einen solchen kennengelernt, so kann er ihm nach Ermessen auch einen höheren Platz anweisen. Und nicht nur Mönchen, sondern auch aus obengenannten Graden der Priester oder Kleriker kann der Abt diejenigen, deren Lebenswandel, es verdient, einen höheren Platz anweisen, als ihnen der Eintrittszeit nach zukäme. Doch hüte sich der Abt, aus einem bekannten Kloster jemals einen Mönch ohne Zustimmung und Empfehlungsschreiben von seinem Abte zur Mitgenossenschaft aufzunehmen, weil geschrieben steht: „Was du nicht willst, das man dir tu', das füg' auch keinem andern zu."[184]

62. Kapitel.

Von den Priestern des Klosters.

Wenn der Abt einen Priester oder Diakon weihen lassen will, so erwähle er dazu aus seinen Untergebenen einen solchen, der es verdient mit der priesterlichen Würde bekleidet zu werden. Der Geweihte aber hüte sich wohl vor Überhebung und Stolz. Er dränge sich in keine Verrichtung ein die der Abt ihm nicht angewiesen, und beherzige wohl, daß er fortan die Klosterordnung nur umso musterhafter zu beobachten habe. Nie vergesse er über seiner priesterlichen Würde den Gehorsam und die klösterliche Zucht, sondern erstarke mehr und mehr im Herrn.

Er behalte immer den Platz, der ihm seinem Eintritte nach zukommt, ausgenommen bei Verrichtungen am Altare, oder wenn etwa die Wahl des Konvents oder die Ernennung des Abtes ihn wegen der Verdienste seines Lebenswandels auf einen höheren Platz stellen. Doch soll

---

[184] Matth. 7, 12. Job 4, 16.

er wissen, daß er stets zu beobachten hat, was ihm von den Dekanen oder Prioren vorgeschrieben wird. Wagt er es, diesem zuwider zu handeln, so soll er nicht als Priester, sondern als Aufrührer betrachtet werden; und wenn er sich nach wiederholten Ermahnungen nicht bessert, so werde auch der Bischof zum Zeugnis wider ihn gerufen, und wenn er auch so nicht anders wird und wenn seine Vergehen offenbar sind, so werde er aus dem Kloster ausgestoßen. Jedoch nur, wenn seine Widerspenstigkeit so groß ist, daß er sich durchaus nicht unterwerfen und der Regel gehorchen will.

63. Kapitel.

Von der Rangordnung im Kloster.

Die Rangordnung im Kloster wird bestimmt durch die Zeit des Eintrittes, das sittliche Verdienst und die Verfügung des Abtes. Dabei soll aber der Abt die ihm anvertraute Herde nicht in Verwirrung bringen, und durch willkürliches Verfahren Ungerechtes verordnen. Vielmehr soll er stets eingedenk sein, daß er über alle seine Verordnungen und Handlungen Gott Rechenschaft zu geben hat. Der Ordnung nach also, die er festsetzt, oder die unter den Brüdern besteht, gehen sie zum Friedenskusse und zur heiligen Kommunion, stimmen die Psalmen an, und nehmen ihre Plätze im Chor ein. Nie und nirgends soll in dieser Ordnung das Alter an sich einen Unterschied machen oder einen Vorzug geben: haben ja schon Samuel und Daniel, obwohl sie ganz jung waren, die Volksältesten gerichtet.

Jene Ausnahmen also abgerechnet, durch welche der Abt, wie gesagt, aus höheren Gründen den einen hinauf-, den anderen aber gewisser Ursachen wegen herabsetzt, folgen die übrigen in der Reihe ihrer Eintrittszeit aufeinander, und zwar so, daß zum Beispiel derjenige, welcher sich in der zweiten Tagesstunde im Kloster gemeldet hat, jünger erachtet wird als derjenige, der zur ersten gekommen ist, welchen Alters oder welcher Würde er sein möge. Bei den Knaben aber werde von allen und in allem auf die Zucht gesehen.

Sonach sollen die Jüngeren die Älteren ehren, die Älteren aber die Jüngeren lieben. Bei Nennung eines anderen sei es keinem erlaubt, denselben nur mit dem bloßen Namen anzureden, sondern die Älteren sollen die Jüngeren „Brüder", diese dagegen die Älteren „Ehrwürden" oder „Väter" nennen. Der Abt aber wird als Stellvertreter Christi Herr und Abt genannt, nicht aus eigener Anmaßung, sondern Christus zu Lieb und Ehren. Dieser bedenke und benehme sich so, daß er einer solchen Ehre würdig sei.

Wo immer die Brüder einander begegnen, soll der Jüngere von dem Älteren den Segen erbitten, aufstehen wenn derselbe vorbeigeht, ihm seinen Platz zum Sitzen einräumen, und sich niemals eher zu ihm hinsetzen, als bis er ihn dazu auffordert, damit geschehe was geschrieben steht: „Mit Ehrerbietigkeit kommen sie einander zuvor."[185] Knaben und Jünglinge sollen ebenfalls im Chore und bei Tische ihre Rangordnung genau einhalten. Draußen und aller Orten sollen sie in Zucht gehalten werden, bis sie zu reiferem Alter gelangen.

64. Kapitel.

Von der Wahl des Abtes.

Bei der Wahl des Abtes soll immer das als Richtschnur gelten, daß derjenige eingesetzt werde, welchen die ganze Genossenschaft einmütig in der Furcht Gottes, oder auch nur ein Teil, wenn auch der kleinere der Genossenschaft, nach weiserem Rate erwählt. Dabei sehe man auf verdienstvolles Leben, auf Einsicht und Weisheit bei der Person des zu Wählenden, mag derselbe dann auch dem Range nach der letzte im Kloster sein. Würde sich aber, was

---

[185] Röm. 12, 10.

Gott verhüten möge, eine gesamte Gemeinde, einhelligen Rates, einen solchen wählen, der ihre Gebrechen selbst hegte, so müßten entweder der Bischof, zu dessen Sprengel der Ort gehört, oder die Äbte, oder die benachbarten Gläubigen, zu deren Kenntnis diese verderblichen Zustände irgendwie gelangten, allen Ernstes zu verhindern trachten, daß ein solches Einverständnis der Bösen die Oberhand behalte, und dem Hause Gottes alsdann einen würdigen Vorsteher bestellen; eingedenk, daß sie dafür, sofern sie es aus reiner Absicht und mit Eifer für Gottes Ehre tun, großen Lohn zu erwarten haben; wie sie aber auch im Gegenteil sich versündigen, wenn sie es vernachlässigen.

Der zum Abt erwählte bedenke stets, welch eine Bürde er auf sich genommen, und wem er über seine Haushaltung Rechenschaft abzulegen habe; er wisse wohl, daß er vielmehr zum Vorsehen als zum Vorstehen da ist. Er muß deshalb im göttlichen Gesetze wohl bewandert sein, damit er Altes und Neues daraus hervorzunehmen verstehe; er sei keusch, nüchtern, mildherzig und lasse jederzeit lieber die Milde als die Strenge vorwalten, damit auch ihm ein Gleiches zuteil werde. Er hasse das Böse, aber liebe die Brüder.

Im Bestrafen handle er vorsichtig und sei nie zu strenge, auf daß er das Gefäß nicht zerbreche, indem er es allzugenau vom Roste reinigen will. Seine eigene Gebrechlichkeit flöße ihm stets Mißtrauen ein, und nie vergesse er, daß man ein zerknicktes Rohr nicht vollends zerbrechen dürfe.[186] Damit sagen wir jedoch nicht, daß er die Laster ungehindert wachsen lasse, sondern daß er mit Klugheit und Liebe dieselben ausrotte, wie er bei jedem als heilsam erachtet, und daß er, wie schon gesagt, mehr geliebt als gefürchtet zu werden suche. Er sei weder ungestüm, noch angsthaft, sei nicht maßlos und eigensinnig, nicht eifersüchtig oder zu argwöhnisch, sonst wird er ewig nie Ruhe haben.

In seinen Anordnungen, mögen sie Geistliches oder Weltliches betreffen, gehe er vorsichtig und mit Überlegung zu Werke. Alle Arbeiten, die er auferlegt, bemesse er nach eines jeden Kraft und Vermögen, und nehme sich hierin den milden Sinn des heiligen Jakob zum Muster, welcher sagte: „Wenn ich meine Herden übertreibe, so gehen sie alle in einem Tage zugrunde."[187] Mit diesem und anderen Beispielen weiser Mäßigung, dieser Mutter jeglicher Tugend vor Augen, ordne er alles so, daß die Stärkeren immer noch zu mehrerem bereit sind, und die Schwächeren nicht abgeschreckt werden. Vor allem aber bewahre er in allen Stücken diese Regel, damit er dereinst, wenn er sein Amt gut verwaltet hat, aus dem Munde des

---

[186] Jes. 42, 3.
[187] Gen. 33, 13.

Herrn höre, was derselbe über den getreuen Knecht spricht, der seinen Mitknechten den Weizen zur rechten Zeit gespendet: „Wahrlich sage ich euch, über alle seine Güter wird er ihn setzen."[188]

65. Kapitel.

Vom Prior des Klosters.

Oftmals geschieht es, daß die Einsetzung eines Priors schweres Ärgernis im Kloster veranlaßt, weil einige, vom bösen Geiste des Hochmuts aufgeblasen, meinen, sie seien andere Äbte, sich daher eine herrische Gewalt anmaßen, Ärgernissen Vorschub leisten und Zwietracht im Kloster stiften, was meistens an denjenigen Orten der Fall ist, wo der nämliche Bischof oder die gleichen Äbte, welche den Abt einsetzen, auch den Prior bestellen. Wie verkehrt aber dieses sei, ist leicht einzusehen, indem so dem Gewählten schon gleich bei der Einsetzung in sein Amt Anlaß zum Hochmut gegeben, und der Gedanke nahegelegt wird, als sei er, weil er von den gleichen Personen wie der Abt, eingesetzt ist, ebendeswegen des Gehorsams gegen denselben überhoben. Hieraus entstehen dann Eifersucht,

---

[188] Matth. 24, 47.

Zank, Verleumdung, Neid, Parteiung, Zwistigkeit und Unordnung; denn während Abt und Prior einander gegenüberstehen, kommen bei dieser Zwietracht auch ihre Seelen unvermeidlich in Gefahr, und auch ihre Untergebenen gehen, indem sie den Parteien schmeicheln, mit ihnen zugrunde. Dies verderbliche Unheil fällt aber hauptsächlich denjenigen zur Last, welche durch die Einsetzungsart sich zu Urhebern desselben gemacht haben.

Deshalb glauben wir, es sei für die Erhaltung des Friedens und der gegenseitigen Liebe weit ersprießlicher, daß ganz allein dem Gutfinden des Abtes eine solche Amtsbesetzung in seinem Kloster überlassen, und dann, so viel als möglich, die ganze Verwaltung des Klosters durch Dekane, wie wir oben schon angeordnet haben, nach Anweisung des Abtes besorgt werde; damit in Folge einer solchen Verteilung an mehrere kein einzelner sich hochmütig überhebe. Wenn aber örtliche Verhältnisse es nötig machen, oder die Genossenschaft aus vernünftigen Gründen bescheiden darum nachsucht und der Abt es heilsam erachtet, so wähle er selbst nach dem Rate gottesfürchtiger Brüder einen Prior und bestelle ihn als solchen. Der Prior aber soll mit Ehrerbietigkeit vollziehen, was sein Abt ihm aufträgt, und nichts gegen den Willen oder die Anordnung desselben tun, weil er, um je höher er über andere steht, um desto genauer sich an die Vorschriften der Regel zu halten hat.

Sollte sich aber der Prior als mit Fehlern behaftet, oder vom Geiste des Hochmuts berückt zeigen oder als ein Verächter der Regel sich herausstellen, so ermahne man ihn bis zu vier Malen mit Worten, und wenn er sich darauf nicht bessert, so werde er der vorschriftsgemäßen Strafe unterworfen. Wenn aber auch dies ihn nicht bessert, so soll er seines Priorats entsetzt, und ein anderer an seine Stelle erhoben werden, der derselben würdig ist. Sofern er sich auch nachher in der Genossenschaft nicht ruhig und gehorsam verhalten will, so soll er aus dem Kloster ausgestoßen werden. Jedoch bedenke der Abt hierbei wohl, daß er von allen seinen Strafurteilen Gott Rechenschaft abzulegen habe, damit seine Seele nicht etwa entbrenne von der Flamme des Neides oder der Eifersucht.

66. Kapitel.

Von den Pförtnern des Klosters.

Zur Klosterpforte soll ein Verständiger aus den Alten gestellt werden, der Bescheid zu empfangen und zu geben weiß, und dessen reiferes Alter dafür bürgt, daß er nicht umherschweife. Dieser Pförtner soll seine Zelle zunächst bei der Pforte haben, damit die Ankommenden immer jemand zugegen finden, von dem sie Bescheid erhalten können. Sobald demnach jemand anklopft oder ein Armer sich meldet, soll er mit: „Gott sei Dank!" oder einem Segensspruche antworten, und sich beeilen mit aller Sanftmut wahrer Gottesfurcht, und dem Eifer aufrichtiger Nächstenliebe Bescheid zu erteilen. Wenn der Pförtner Hilfe nötig hat, so werde ihm ein jüngerer Bruder bei-gegeben.

Wo es immer möglich ist, soll das Kloster so gebaut sein, daß alles Notwendige, als: Brunnen; Mühle, Garten, Bäk-kerei, und die verschiedenen Werkstätten sich innerhalb der Klosterräume befinden, damit die Mönche keinen Anlaß haben, draußen herumzuschweifen, weil dies ihren Seelen durchaus nicht zuträglich ist. Wir wollen auch, daß diese Regel in der Genossenschaft öfter vorgelesen werde, damit nicht etwa der eine oder andere von den Brüdern sich mit Unkenntnis derselben entschuldigen könne.

67. Kapitel.

Von den Brüdern, die auf Reisen geschickt werden.

Brüder, die ausgesandt werden, sollen sich vorher in das Gebet aller Mitbrüder und des Abtes empfehlen, und es soll allezeit beim letzten Gebete des Gottesdienstes aller Abwesenden gedacht werden. Nach ihrer Rückkehr sollen sich die Brüder am Tage ihrer Ankunft bei jeder einzelnen Gebetsstunde während dem Schlußgebete im Bethause zur Erde niederwerfen, und zur Sühnung der Vergehen alle um ihr Gebet bitten, im Fall sie unterwegs etwa Böses gesehen, mit angehört, oder Unnützes geredet haben möchten. Keiner erlaube sich, anderen zu hinterbringen, was er außerhalb des Klosters gesehen oder gehört hat, weil dies vielfach verderblich ist. Sollte sich einer dies unterstehen, so verfällt er dafür der vorschriftsgemäßen Züchtigung. Ein Gleiches gilt für denjenigen, der sich untersteht, aus der Klosterklausur hinaus irgendwohin zu gehen, oder irgend etwas, wenn auch noch so Geringfügiges zu tun, ohne Befehl des Abtes.

68. Kapitel.

Von den Aufträgen, deren Vollziehung einem Bruder unmöglich scheint.

Wenn etwa einem der Brüder etwas sehr Beschwerliches oder Unmögliches aufgetragen wird, so nehme er dennoch den Befehl des Oberen in aller Sanftmut und Ergebenheit an. Sieht er dann aber, daß die Last das Maß seiner Kräfte durchaus übersteigt, so lege er seinem Vorgesetzten auf gelassene und geeignete Art, nie aber in hochfahrender, widersetzlicher Weise, oder mit frechem Widerspruch die Gründe seines Unvermögens dar. Wenn jedoch der Obere ungeachtet dieser Vorstellung auf seinem Befehle besteht, so sei dies dem Untergebenen ein Zeichen, daß es so zu seinem Heile ist, und leiste mit Liebe und im Vertrauen auf Gottes Beistand Gehorsam.

69. Kapitel.

Von dem Verbote, im Kloster einander zu verteidigen.

Mit aller Sorgfalt soll verhütet werden, daß jemals, bei was immer für einem Anlasse ein Mönch im Kloster den anderen verteidige oder gleichsam in Schutz nehme; selbst dann nicht, wenn auch irgend etwa eine Blutsverwandtschaft unter ihnen bestünde. Nie soll ein Mönch in irgendeiner Weise sich dies erlauben, weil es Veranlassung zu schwerem Ärgernis geben kann; und wenn jemand wagt, diese Vorschrift zu übertreten, so soll er dafür strenge bestraft werden.

70. Kapitel.

Von demjenigen, der sich anmaßt einen anderen zu schlagen, oder auszuschließen.

Damit jedem Anlaß zur Anmaßung im Kloster vorgebeugt werde, verordnen wir und setzen fest, daß keinem, den der Abt nicht besonders dazu ermächtigt hat, erlaubt sei, irgendeinen seiner Mitbrüder von der Gemeinschaft auszuschließen oder zu schlagen. Dagegen sich Verfehlende sollen in Gegenwart aller zur Warnung der übrigen bestraft werden. Kinder aber bis zum fünfzehnten Altersjahre sollen in strenger Zucht gehalten und von allen genau beobachtet werden; doch auch dies mit aller Mäßigung und in vernünftiger Weise; denn wer sich gegen das gereiftere Alter ohne Auftrag des Abtes derartiges herausnimmt, oder auch gegen die Kinder selbst unbescheidentlich entbrennt, unterliegt der vorgeschriebenen Strafe, weil geschrieben steht: „Was du nicht willst, das man dir tu', das füg' auch keinem andern zu."[189]

---

[189] Tob. 4, 16. Matth. 7, 12.

71. Kapitel.

Vom gegenseitigen Gehorsam der Brüder.

Des Gehorsams Gut soll nicht nur dem Abte von allen dargebracht werden, sondern die Brüder sollen ebenso auch sich untereinander gehorsam sein, wohlwissend, daß sie auf diesem Wege des Gehorsams zu Gott gelangen. Vorangestellt also das vom Abte oder von den von ihm bestellten Oberen Befohlene, dem kein anderer Befehl vorgezogen werden darf, sollen dann alle Jüngeren ihren Älteren mit aller Liebe und Bereitwilligkeit gehorchen. Wird einer streitsüchtig gefunden, so soll er gestraft werden.

Wenn aber einer wegen einer auch nur geringfügigen Sache, sei es vom Abte oder von einem der Älteren irgendwie zurechtgewiesen wird, oder einer das Gemüt eines Oberen auch nur im mindesten gegen sich mißstimmt oder aufgeregt sieht, so werfe er sich sogleich zur Genugtuung vor ihm nieder, so lange bis jene Gemütsbewegung sich im Segnen begütigt. Unterläßt dies einer aus Verachtung, so unterliegt er dafür körperlicher Züchtigung, und bleibt er auch dann noch halsstarrig, so werde er aus dem Kloster ausgewiesen.

72. Kapitel.

Von dem guten Eifer,
den die Mönche haben sollen.

Wie es einen Eifer voll Bitterkeit gibt, der böse ist, von Gott abwendig macht und zur Hölle führt, so gibt es auch einen guten Eifer, der uns vom Bösen scheidet und zu Gott und zum ewigen Leben führt. In diesem Eifer sollen sich die Mönche mit inbrünstiger Liebe üben und einander mit Ehrerbietung zuvorkommen. Sowohl in ihren körperlichen als sittlichen Schwächen sollen sie einander mit Geduld ertragen, und sich gegenseitig im Gehorchen üben. Keiner strebe dem nach, was er für sich, sondern demjenigen, was er für andere vorteilhaft erachtet. Brüderliche Liebe sollen sich alle einander in reiner Gesinnung erweisen, Gott fürchten, ihrem Abte mit aufrichtiger, demütiger Ergebenheit zugetan sein, und durchaus nichts Christus vorziehen, der uns alle miteinander zum ewigen Leben führen wolle. Amen.

73. Kapitel.

Von dem, daß nicht alles zur vollkommenen Gerechtigkeit Erforderliche in dieser Regel enthalten sei.

Wir haben diese Regel geschrieben, damit wir durch deren Beobachtung in den Klöstern zeigen, daß wir doch wenigstens einigen sittlichen Anstand und den Anfang der Bekehrung besitzen. Für denjenigen aber, der nach der Vollkommenheit strebt, sind alsdann noch die Lehren der heiligen Väter, deren Befolgung den Menschen auf den Gipfel der Vollkommenheit führt; denn welches Blatt oder welcher Ausspruch der göttlichen Schrift sowohl Alten als Neuen Testamentes, ist nicht eine durchaus sichere Richtschnur für das menschliche Leben? Oder welches Buch der heiligen katholischen Väter redet nicht laut davon, wie wir geraden Wegs zu unserem Schöpfer gelangen? Und ebenso die „Unterredungen der Väter", ihr Leben und ihre Satzungen, sowie auch die „Regel unseres heiligen Vaters Basilius", was sind sie anderes als Vorbilder von gehorsamen, tugendhaften Mönchen und Werkzeuge zu jeglicher Tugend? für uns Träge aber, und schwach und nach-

lässig Dahinlebende, Gegenstände der tiefsten Beschämung.

Du also, wer du immer dem himmlischen Vaterlande
zueilest – erfülle mit Christi Beistand die Vorschriften
dieser, nur als ein bescheidener Anfang geschriebenen
geringsten aller Regeln, dann wirst auch du zu jenen oben
erwähnten Höhen der Weisheit und Tugend unter Gottes
Schutze gelangen.

Gebet vor dem Lesen der heiligen Regel.

Komm, Heiliger Geist, erfülle die Herzen deiner Gläubigen, und zünde an in ihnen das Feuer deiner Liebe.

Herr, erbarme dich unser! Christus, erbarme dich unser! Vater unser usw. Und führe uns nicht in Versuchung, sondern erlöse uns von dem Übel. Amen.

V. Gedenke deiner Gemeinde.

R. Die seit Anbeginn dein eigen gewesen.

Gebet.

Erwecke, o Herr, in deiner Kirche den Geist, dem der heilige Vater Benedikt sich gänzlich ergeben; auf daß wir, von dem gleichen Geiste erfüllt, uns zu lieben bestreben, was er geliebt, und durch die Tat verwirklichen, was er gelehrt hat. Durch Christus unseren Herrn.

Gebet nach der Lesung.

Herr, erbarme dich unser! Christus erbarme dich unser! Vater unser etc.

V. Bekräftige, o Gott, was du gewirkt hast in uns!

R. Von deinem heiligen Tempel herab im himmlischen Jerusalem.

V. O Herr, erhöre mein Gebet!

R. Mein Rufen dringe empor zu dir!

Gebet.

Verleihe uns, wir bitten dich, o Herr, den Beistand deiner Gnade, damit wir, was wir durch dich als unsere Pflicht erkannt haben, unter deinem Beistande vollbringen. – Hilf uns, o süßester Herr Jesus Christus! daß wir nach dieser Regel deines Dieners Benedikt gewissenhaft leben, und in deinem heiligen Dienste jederzeit getreulich ausharren mögen. Der du lebst und regierst von Ewigkeit zu Ewigkeit. Amen.

Gebet des ehrwürdigen Alkuin, Abtes von Tours, zur Erweckung des Geistes der heiligen Regel.

Vergib uns gnädig, o Herr! nach deiner großen Güte und Barmherzigkeit alle Sünden, deren wir uns in Gedanken, in Worten oder Werken, öffentlich oder im geheimen, durch Begehungen oder Unterlassungen gegen dich und gegen unseren heiligen Beruf schuldig gemacht haben, und verleihe uns, daß wir deine Furcht stets vor Augen haben, damit wir überall unsere begangenen Sünden, und das zukünftige Gericht darüber bedenken und fürchten, und zugleich deine Gebote erwägen und die himmlische Glorie, die du denen verliehen hast, welche dieselben halten, betrachten und immerdar in der Seele bewahren.

Du bist unser Gott und dereinstige Richter, siehest allezeit herab auf unsere Handlungen, Gedanken und Worte, und jederzeit bringt unser Schutzengel unsere Werke vor deinen himmlischen Thron: Wir wollen deshalb in dieser Furcht nie ablassen von der Betrachtung und von den guten Werken, sondern allezeit, was dir, o Gott! Wohlgefällig ist, im Herzen hegen und ausüben.

Gib uns, o Herr! daß wir nie mit Wohlgefallen die Erfüllung unseres eigenen Willens suchen, sondern alles nach der Richtschnur deiner Gebote im Gehorsam gegen dich und unsere Oberen erfüllen.

Gib uns gnädig, daß wir ohne zu murren mit Mund oder Herz, alle Tage unseres Lebens dir und unseren Vorgesetzten wahrhaft unterwürfig und gehorsam seien.

Gib, o Herr! daß wir alles Harte und Strenge und alles unseren Neigungen Widerstrebende, auch wenn es unsere Kräfte und Einsicht übersteigen und unter Schimpf und

Schmach befohlen werden sollte, im Vertrauen auf deine Erbarmung einfach und demütig, aufrichtig, geduldig und freudig annehmen, und mit dem Eifer eines guten Willens vollbringen; und wenn uns dies unmöglich sein sollte, so gib, daß wir dann unser Unvermögen dem Oberen demütig und geduldig vortragen, und wenn er darauf seinen Auftrag nicht zurücknimmt o Gott! so wirke du in unseren Herzen, auf daß wir vertrauend auf deine Hilfe, und weil wir ohne dich nichts Gutes vermögen, mit der uns verliehenen himmlischen Kraft und Einsicht, aus Liebe und voll Hingebung gehorchen.

Gib, o Herr! daß wir uns bei keiner Zurechtweisung Widerspruch erlauben, niemals durch unsere Worte uns selbst als gerecht darzustellen suchen, noch auch aus Scham in den Augen anderer als geringer erscheinen zu müssen, jemand beschuldigen, sondern uns mit niedergeschlagenen Augen so lange als schuldig bekennen, bis sich durch unsere Demut die Gemütsaufregung des Zurechtweisenden gelegt hat.

Gib, o Herr! daß wir alle unsere bösen Gedanken, und alle unsere verborgenen, sündhaften Handlungen unserem Abte oder anderen Seelenführern bekennen, damit wir durch deren Ermahnung und Zurechtweisung, an deiner schützenden Hand den Schlingen des Teufels entgehen, und unser Herz stets offen und lauter und gänzlich faltenlos sein und bleiben möge.

Gib, daß wir stets auch mit dem Allergeringsten in Speise, Trank und Kleidung zufrieden seien, und, wie dürftig alles dies auch sein möge, sobald es nur zu deinem Dienste unser irdisches Dasein zu fristen hinreicht, nie nach etwas Besserem trachten, sondern gänzlich ohne Verstellung und Heuchelei uns aufrichtig damit begnügen. Gib, daß in allem das Allerletzte uns lieb sei, daß wir uns freuen, wenn wir als die Geringsten geachtet und allen nachgesetzt werden in den Plätzen, in der Rangordnung, im Reden und in allen anderen nur irgend denkbaren Dingen, und daß wir erst alsdann uns als recht von dir in Gnaden angesehen betrachten, und dir hierfür aus Herzensgrunde danken.

Gib, daß wir uns für alles, was uns aufgetragen wird, auch für das Geringste, Niedrigste und die allerverächtlichste Dienstleistung, als unwert erachten im Hause Gottes so Ehrenvolles tun zu dürfen, und es dann in dieser innersten Überzeugung mit desto größerer Ehrfurcht verrichten.

Verleihe uns, o Herr! die Gabe der Liebe und der Demut, des Gehorsams, der Geduld und wahren Bruderliebe; gib, daß wir uns im innersten Grunde unseres Herzens immer für geringer und schlechter als alle anderen halten, und auch wünschen, von den anderen als solche erkannt, betrachtet und behandelt zu werden; und wenn schon andere uns nicht so anerkennen, betrachten und behandeln, wir hierin doch niemals heucheln, und etwa nur mit dem Munde uns für unwürdiger, geringer und schlechter als andere bekennen, um grade wegen eines solchen demütigen Bekenntnisses bei anderen als gerechte und gute Religiosen zu gelten, also doch innerlich trachtend nach Auszeichnung, Ruhm und Ehre dieser Welt.

Gestatte nicht, daß wir solche seien, die, wenn ein anderer das zu ihnen sagt, was sie mit eigenem Munde von sich selbst bekennen, oder sie wirklich für so geringe und schlecht hält, wie sie selbst vorgeben, alsdann sogleich aufbrausen, Scheltworte ausstoßen, ja sogar dahin gebracht werden, auf Einflüsterung des Satans das Kloster zu verlassen, dem sie sich einverleibt haben, oder doch, Trug im Herzen bergend, auf Zeit zur Rache warten; von solchen und ähnlichen Flecken reinige uns, o Herr! und steh uns bei.

Bewahre und beschütze uns, damit wir nichts aus bloßem Eigenwillen tun, sondern nur das, was die heilige Regel uns im Kloster zu tun befiehlt.

Verleihe uns die Tugend, bescheiden zu schweigen und bescheiden zu reden, und wenn man uns fragt, mit Demut und Ehrerbietigkeit zu antworten, und wenn wir selbst etwas zu fragen haben, mit aller Unterwürfigkeit und

Ehrerbietigkeit zu fragen, uns immer hütend mehr oder anders zu reden, als es unserem heiligen Stande oder der Sache, wegen der wir reden müssen, förderlich ist.

Beschirme unsere Herzen, daß wir uns nie erfreuen an leerem und eitlem Ruhme, und nie etwas Unnützes denken, reden, hören oder sehen.

O Herr! erbarme dich unser und gib, daß wir nicht schnell bereit zum Lachen seien, sondern daß durch deine Gnade eine heilsame Zerknirschung und reuige Demut des Herzens in uns einkehre, daß die Gabe der Tränen uns zuteil werde, und eine segenbringende Traurigkeit; daß müßiges Lachen, sinnliches Vergnügen, ausgelassene Freude durch deine Kraft von uns ferne gehalten werden.

Gib uns, daß wir im Reden sanft, mit würdigem Ernst nur wenige, wohlüberlegte, heilsame Worte sprechen, ohne mit der Stimme zu lärmen und ohne alle Aufregung.

Uns Armseligen und Unwürdigen gib, o Herr! daß wir dir überall und immer in allen Dingen, im Sitzen, Gehen, Stehen und Arbeiten, ein zerknirschtes und demütiges Herz bewahren; daß wir uns wegen unseren bösen Handlungen allezeit als schuldig erkennen, und daß wir vom Geiste deiner Furcht und deiner Liebe erfüllt ein jeder einzeln, im Innersten unseres Herzens sprechen: O Herr, ich Sünder bin nicht wert meine Augen zum Himmel zu erheben; Gott sei mir Sünder gnädig, jetzt und immer und

ewig; der du lebst und regierst von Ewigkeit zu Ewigkeit
Amen.

Inhalt.

Vorwort. 5.

1. Kapitel. Von den Gattungen der Mönche. 11.

2. Kapitel. Von den Eigenschaften des Abtes. 12.

3. Kapitel. Von den Brüdern, welche bei Beratungen beizuziehen sind. 18.

4. Kapitel. Von den Werkzeugen der guten Werke. 19.

5. Kapitel. Vom Gehorsam der Jünger. 26.

6. Kapitel. Vom Stillschweigen. 28.

7. Kapitel. Von der Demut. 29.

8. Kapitel. Vom nächtlichen Gottesdienste. 39.

9. Kapitel. Von der Zahl der Psalmen beim Nachtgottesdienste. 40.

10. Kapitel. Vom Nachtgottesdienste zur Sommerzeit. 41.

11. Kapitel. Vom Nachtgottesdienste an den Sonntagen. 42.

12. Kapitel. Von dem feierlichen Frühgottesdienste. 43.

13. Kapitel. Vom Frühgottesdienste an gewöhnlichen Tagen. 44.

14. Kapitel. Vom Nachtgottesdienst an den Festtagen der Heiligen. 46.

15. Kapitel. Von dem Halleluja, wann es genommen werden soll. **46.**

16. Kapitel. Vom Gottesdienste während des Tages. **47.**

17. Kapitel. Von der Zahl der Psalmen bei den genannten Tagzeiten. **48.**

18. Kapitel. Von der Reihenfolge der Psalmen. **49.**

19. Kapitel. Von der Haltung beim Psalmengebete. **52.**

20. Kapitel. Von der Ehrfurcht beim Gebete. **53.**

21. Kapitel. Von den Dekanen des Klosters. **54.**

22. Kapitel. Vom Schlafen der Mönche. **55.**

23. Kapitel. Von der Ausschließung bei Verschuldungen. **56.**

24. Kapitel. Von der Art der Ausschließung. **56.**

25. Kapitel. Von den schweren Verschuldungen. **57.**

26. Kapitel. Von denjenigen, die ohne Erlaubnis des Abtes mit den Ausgeschlossenen Umgang haben. **58.**

27. Kapitel. Von der Sorgfalt des Abtes für die Ausgeschlossenen. **59.**

28. Kapitel. Von denen, die sich nach öfterer Zurechtweisung nicht bessern. **60.**

29. Kapitel. Von der Wiederaufnahme ausgetretener Brüder. **61.**

30. Kapitel. Von der Bestrafung jüngerer Knaben. **62.**

31. Kapitel. Von dem Klosterkellner. **62.**

32. Kapitel. Von den Werkzeugen und anderen Sachen des Klosters. **64.**

33. Kapitel. Vom Eigentume bei den Mönchen. **65.**

34. Kapitel. Von der gleichmäßigen Verteilung des Nötigen an alle. **66.**

35. Kapitel. Von den Wochnern in der Küche. **67.**

36. Kapitel. Von den Kranken Brüdern. **69.**

37. Kapitel. Von den Greisen und von den Kindern. **70.**

38. Kapitel. Vom wöchentlichen Tischleser. **71.**

39. Kapitel. Von dem Maße der Speisen. **72.**

40. Kapitel. Von dem Maße des Getränkes. **74.**

41. Kapitel. Von der Essenszeit der Brüder. **75.**

42. Kapitel. Vom Stillschweigen nach der Komplet. **76.**

43. Kapitel. Von denjenigen, welche zu spät zum Gottesdienste oder zu Tische kommen. **78.**

44. Kapitel. Von der Weise wie die Ausgeschlossenen Genugtuung leisten sollen. **80.**

45. Kapitel. Von denjenigen, welche im Chore Fehler machen. **81.**

46. Kapitel. Von denjenigen, die in was immer für Dingen sich vergehen. **82.**

47. Kapitel. Vom Zeichengeben zum Gottesdienste. **83.**

48. Kapitel. Von der täglichen Handarbeit. **83.**

49. Kapitel. Von der Beobachtung der vierzigtägigen Fasten. **86.**

50. Kapitel. Von den Brüdern, welche in größerer Entfernung von dem Bethause arbeiten o. a. der Reise sind. **87.**

51. Kapitel. Von den Brüdern, die sich nicht sehr weit entfernen. **88.**

52. Kapitel. Vom Bethause des Klosters. **88.**

53. Kapitel. Vom Empfange der Gäste. **89.**

54. Kapitel. Von der Annahme von Briefen oder Geschenken. **92.**

55. Kapitel. Von den Kleidungsstücken und der Fußbekleidung der Brüder. **93.**

56. Kapitel. Vom Tische des Abtes. **95.**

57. Kapitel. Von den Künstlern im Kloster. **95.**

58. Kapitel. Von der Aufnahme neuer Ordensbrüder. **96.**

59. Kapitel. Von der Aufnahme der Söhne von Adeligen oder Armen. **100.**

60. Kapitel. Von den Priestern, welche ins Kloster eintreten wollen. **101.**

61. Kapitel. Von der Aufnahme fremder Mönche. **102.**

62. Kapitel. Von den Priestern des Klosters. **104.**

63. Kapitel. Von der Rangordnung im Kloster. **105.**

64. Kapitel. Von der Wahl des Abtes. **107.**

65. Kapitel. Vom Prior des Klosters. **110.**

66. Kapitel. Von den Pförtnern des Klosters. **112.**

67. Kapitel. Von den Brüdern, die auf Reisen geschickt werden. **113.**

68. Kapitel. Von den Aufträgen, deren Vollziehung einem Bruder unmöglich scheint. **114.**

69. Kapitel. Von dem Verbote, im Kloster einander zu verteidigen. **115.**

70. Kapitel. Von demjenigen, der sich anmaßt einen anderen zu schlagen, oder auszuschließen. **116.**

71. Kapitel. Vom gegenseitigen Gehorsam der Brüder. **117.**

72. Kapitel. Von dem guten Eifer, den die Mönche haben sollen. **118.**

73. Kapitel. Von dem, daß nicht alles zur vollk. Gerechtigkeit Erforderliche in dieser Regel enthalten sei. **119.**

Gebet vor dem Lesen der heiligen Regel. 121.

Gebet. 121.

Gebet nach der Lesung. 121.

Gebet. 122.

Gebet des ehrwürdigen Alkuin, Abtes von Tours, zur Erweckung des Geistes der heiligen Regel. 122.